La responsabilité fiscale du notaire en matière immobilière et successorale au Cameroun

Bruno Nzoyem

La responsabilité fiscale du notaire en matière immobilière et successorale au Cameroun

Préface d'Etienne Mbandji Mbena
Postface de David Bienvenu Nkake Ekongolo

L'Harmattan
Cameroun

5-7, rue de l'Ecole-Polytechnique, 75005 Paris

http://www.editions-harmattan.fr

ISBN : 978-2-343-21472-6
EAN : 9782343214726

À ma chère épouse

À mes enfants

REMERCIEMENTS

La réalisation de ce travail a été rendue possible grâce au concours de certaines personnes, à qui je tiens à exprimer ma reconnaissance. Il s'agit de :

Monsieur **Edwin FONGOD NUVAGA,** Directeur Général des Douanes de la République du Cameroun, pour toute la bienveillance.

Monsieur le **Docteur NKAKE EKONGOLO David Bienvenu**, dont les remarques, critiques, et suggestions ont été déterminantes à la réalisation de ce travail.

Je remercie Messieurs le **Docteur MBANDJI MBENA Etienne**, et le **Professeur MONEBOULOU MINKADA Hervé Magloire,** pour les multiples conseils édifiants.

Ne sont pas en reste, Madame **BOME EKALLE Mariette** et le **Docteur KAMENI NICK Lazare**.

PRÉFACE

La responsabilité fiscale du notaire en matière immobilière et successorale est une étude que l'auteur n'a pas voulu dissocier de la matière immobilière et successorale pour au moins trois raisons : la préciosité notariale des matières, leur intersection patrimoniale et leur intérêt fiscal.

La préciosité notariale des matières s'explique par l'idée que l'immobilier et les successions constituent deux domaines du portefeuille des notaires. Les transactions immobilières et successorales assignées à ce juriste-praticien, au statut particulier, visent à garantir aux actes passés, l'authenticité, la sincérité et la fiabilité, nécessaires tant à la sauvegarde des intérêts des particuliers que des intérêts de l'État.

L'intersection patrimoniale réside en ce que l'immobilier et les successions sont deux domaines spécifiques du droit patrimonial, caractérisés par une relative stabilité juridique dont les textes applicables sont vétustes d'au moins quarante ans.

L'intérêt fiscal est tiré de la situation de cet objet d'étude dans la fiscalité notariale. Une discipline qui installe les techniques fiscales au sein de la profession notariale gratifiée d'un portefeuille complexe au regard du nombre de domaines placés sous sa plume par le législateur.

L'auteur de cet ouvrage, Monsieur NZOYEM Bruno est un amoureux des sciences juridiques et fiscales que j'ai doublement eu le plaisir d'encadrer d'abord, comme étudiant à l'Institut Universitaire Catholique Saint Jérôme de Douala dans la préparation d'un diplôme de Master en Aménagement et Promotion Immobilière puis, à l'Université de Douala toujours comme étudiant de la toute première promotion de Master professionnel en Droit notarial, dont je suis le premier Coordonnateur.

La préoccupation centrale de son étude est de savoir comment le législateur a aménagé la pratique fiscale du notaire en matière immobilière et successorale. Question bien audacieuse tant on sait que les réflexions sur la pratique fiscale du notaire sont plutôt rares, faute d'un nombre suffisant de recherches spécialisées. Dès lors, l'auteur veille à vérifier la consécration textuelle des obligations fiscales du notaire, qui est évidemment assortie, en cas de son inobservation, d'une application, à son encontre, des sanctions fiscales dissuasives et punitives.

En effet, dans l'exercice de son office, le notaire a des obligations fiscales mises à sa charge consistant en la collecte et au reversement des impôts dans les caisses de l'État. Spécifiquement en matière immobilière et successorale, divers droits et taxes font partie de cette obligation fiscale. De plus, le notaire est tenu de gérer le risque fiscal aussi bien de manière préventive par l'identification, l'évaluation et la maîtrise des différentes problématiques fiscales, que curative par la maîtrise des règles procédurales de contrôle et processuelles devant les juridictions gracieuses et contentieuses. Faute de pouvoir satisfaire à ces obligations pratiques et prospectives, le notaire s'expose aux sanctions fiscales et administratives sans préjudice des sanctions pénales. Ce régime de sanctions semble bien à la fois dissuasif et punitif.

Il fallait incontestablement penser la mise en mouvement d'une telle recherche afin de voler au secours de la profession notariale, dotée de juristes non forcément fiscalistes. D'où l'ambition louable de l'auteur, de contribuer à une sécurité fiscale complète fondée sur la maîtrise du risque fiscal par le notaire. Davantage, cet ouvrage vient outiller les notaires à appréhender avec précision les règles fiscales applicables aux transactions immobilières et successorales, à connaitre les obligations fiscales en ces matières, les sanctions subséquentes, et à améliorer leur culture juridico-fiscale.

Vue sous un autre angle, face à un contexte sociojuridique marqué par la délinquance fiscale et les détournements de biens publics, griefs reprochés à de nombreux praticiens y compris aux notaires, une formation tirée de cet ouvrage permet de préparer le professionnel au renforcement de son éveil éthique. Ce livre participe dès lors à l'effort de conscientisation des professionnels du notariat dans l'exercice de leur office en tant que partie prenante du dispositif de lutte contre la fraude et l'évasion fiscales. C'est une contribution à la consolidation de l'éthique et de la déontologie dans les pratiques notariales. Une éthique se manifestant par la recherche permanente de la sincérité, de la loyauté et la probité aussi bien dans la collecte de recettes fiscales que dans leur reversement intégral.

À juste titre, je recommande ce chef-d'œuvre aux notaires, aux collaborateurs des offices notariaux, aux fonctionnaires et spécialistes de l'administration fiscale, à tous les juristes et à tous les usagers passionnés de recherches sur les questions immobilières et successorales, afin de faciliter la diffusion du droit fiscal au sein d'offices ministériels ainsi qu'à leurs usagers présents et potentiels.

Fait à Douala le, 20 mai 2020

Dr Etienne MBANDJI MBENA

Docteur en droit privé et sciences criminelles des Universités de Toulouse 1 Capitole et de Douala

AVANT-PROPOS

Ce livre est né à la suite de nombreuses difficultés, péripéties et incompréhensions rencontrées chez les notaires. En effet, les notes de frais délivrées dans les offices des notaires n'ont souvent rien de semblable, surtout lors du calcul des différentes rubriques destinées aux droits et taxes.

Plusieurs divergences ou confusions apparaissent au niveau des bases de taxation, des taux et autres liquidations liées aux impôts et taxes grevant les opérations de transmissions de patrimoine. Bien plus, l'évaluation, malgré son encadrement par les valeurs mercuriales, n'échappe pas à ce manque de clarté. Cette divergence peut résulter soit, de l'instabilité chronique de la législation fiscale en la matière, soit d'une méconnaissance des textes fiscaux, soit d'une volonté délibérée.

Dans la même veine, la lenteur observée dans le traitement des dossiers m'a également poussé à connaitre pourquoi le dossier, disait-on, *« était toujours bloqué »* auprès des services du fisc. (Il est vrai qu'aujourd'hui, avec la dématérialisation des procédures, la situation s'est beaucoup améliorée).

Fort de ce constat, j'ai voulu mieux cerner le régime des obligations et des sanctions fiscales du notaire en matière de transmission de patrimoine et le délai imparti pour le traitement au plan fiscal.

Mon ambition première est tout simple, rechercher plus de transparence dans la transmission de patrimoine, surtout dans son volet fiscal. Cette transparence permettra, j'en suis convaincu, de lever le voile ou mieux, l'épais nuage qui assombrit les relations entre les différents intervenants de la chaine des opérations immobilières et successorales au Cameroun.

En définitive, la curiosité, la soif de connaitre m'ont servi de prétexte à commettre ce livre qui, je l'espère, trouvera un écho favorable auprès des praticiens et théoriciens du droit patrimonial. Il s'adresse aux étudiants, aux contribuables, aux agents du fisc, aux clercs de notaires et à tous ceux qui s'intéressent à la fiscalité patrimoniale.

Ceci dit, comme toute œuvre humaine, ce livre n'est pas parfait. J'accepte volontiers toutes critiques ou suggestions constructives qui me permettront d'améliorer les prochaines parutions.

L'auteur.

PRINCIPALES ABRÉVIATIONS

APE : Accord de Partenariat Economique

AMR : Avis de Mise en Recouvrement

CC : Code Civil

CEMAC : Communauté Economique et Monétaire de l'Afrique Centrale

CGI : Code Général des Impôts

CIME : Centre des Impôts des Moyennes Entreprises

CSPLI : Centre Spécialisé des Professions Libérales et de l'Immobilier

CSPLIW : Centre Spécialisé des Professions Libérales et de l'Immobilier du Wouri

CTD : Collectivité Territoriale Décentralisée

DGE : Direction des Grandes Entreprises

DGI : Direction Générale des Impôts

GIC : Groupement d'Initiative Commune

GICAM : Groupement Inter patronal du Cameroun

GIE : Groupement d'Intérêt Economique

IRPP : Impôts sur le Revenu des Personnes Physiques

IS : Impôts sur les Sociétés

LF : Lois des Finances

LPF : Livre des Procédures Fiscales

MAETUR : Mission d'Aménagement et d'Équipement des Terrains Urbains et Ruraux

MAGZI : Mission d'Aménagement et de Gestion des Zones Industrielles

MINFI : Ministère des Finances

OHADA : Organisation pour l'Harmonisation en Afrique du Droit des Affaires

ONG : Organisation non Gouvernementale

SIC : Société Immobilière du Cameroun

TPF : Taxe sur la Propriété Foncière

TVA : Taxe sur la Valeur Ajoutée

UEAC: Union Économique de l'Afrique Centrale

RÉSUMÉ

Dans l'optique, bien compris, de préserver les intérêts financiers de l'État dans les domaines en plein essor du marché foncier et de transmission du patrimoine pour cause de mort, le législateur a aménagé la responsabilité fiscale du notaire, acteur central et redevable légal des transactions patrimoniales. Cette responsabilité se traduit par la consécration des obligations fiscales mises à l'encontre du notaire dans le cadre de la collecte et du reversement dans les caisses de l'État, des différents droits et taxes qui grèvent les opérations immobilières et de transmission du patrimoine. Ces droits et taxes comprennent entre autres, les droits d'enregistrement ou la TVA immobilière, le prélèvement libératoire de la plus-value, la taxe foncière, les droits de succession, la redevance foncière et les droits de timbre.

Cette responsabilité personnelle et solidaire est également marquée par l'application d'un régime de sanctions dissuasives, punitives, faites outre, des droits divertis, des amendes et des intérêts de retard, suite à l'inobservation des obligations fiscales constatée lors d'un contrôle fiscal sur pièces ou sur place. Ces sanctions administratives peuvent être complétées par des sanctions pénales dévoilant les peines d'emprisonnement et des peines complémentaires ordonnées par le juge correctionnel après saisine du ministre des Finances, suivant l'avis de la Commission Nationale des Infractions Fiscales.

Face à la sévérité des sanctions fiscales, le notaire n'est pas pour autant désarmé. Il doit pouvoir gérer de manière préventive le risque fiscal à travers l'identification, l'évaluation et la maîtrise des différentes problématiques fiscales. Cependant, si le risque survient, le notaire doit pouvoir le gérer de manière curative à travers la maîtrise des règles processuelles de contrôle et de contentieux ainsi que la maîtrise de la juridiction gracieuse.

En tout état de cause, le notaire doit travailler dans la perspective de prévention des risques d'indiscipline fiscale au travers de la promotion de bonnes pratiques fiscales.

ABSTRACT

In the well-understood perspective of preserving and safeguarding the financial interests of the State in the booming field of land property and inheritance in case of death, the legislator has established the fiscal responsibility of the notary, who is the central actor in patrimonial transactions and legally liable. This responsibility is reflected or manifested in the imposition of certain tax obligations against the notary in connection with the collection and repayment into the state coffers of the various duties and taxes that affect real estate transactions and inheritance. These duties and taxes include among others; registration fees or real estate VAT, a levy on capital gains, property tax, inheritance tax, land royalties and stamp duties.

This personal and joint responsibility is also marked by the application of a system of dissuasive and punitive sanctions, further strengthened with, fines and delay in payment levies, in case of the inobservance of the fiscal obligations. These administrative sanctions may be complemented by penal sanctions comprising prison sentences and additional penalties ordered for by the correctional judge, after referral to the Minister of Finance, following the opinion of the national tax offenses commission.

Faced with the severity of these fiscal penalties, the notary is not however disarmed. He must be able to preventively manage fiscal risks through the identification, evaluation and mastery of the various fiscal issues beforehand. However, if the risk arises, the notary must be able to manage it in a curative manner through the mastery of the procedural rules of control and litigation as well as the mastery of the gracious jurisdiction.

In any case, the notary must work within the framework of preventing the risks of fiscal indiscipline through the promotion of good tax practices.

SOMMAIRE

INTRODUCTION GÉNÉRALE

Dans un contexte de boulimie et de spéculation foncières[1], de recherche de sources innovantes d'élargissement de l'assiette fiscale, avec pour corollaire l'orientation budgétaire assignée au contrôle fiscal[2], à travers le renforcement du dispositif de lutte contre la fraude et l'évasion fiscale[3], la fiscalité patrimoniale[4] est désormais considérée comme un levier important de renflouement des caisses de l'État. Ainsi, depuis l'exercice 2015, la Direction Générale des Impôts (DGI) a redoublé d'efforts pour l'amélioration de la fiscalité patrimoniale[5]. Ce déploiement s'effectue en direction de la taxe foncière, des droits de mutations immobilières et bien d'autres. Pour preuve, ce secteur a d'ailleurs été retenu comme cible pour la mise en œuvre de la réforme relative à la procédure de déclaration pré-remplie, de télé-déclaration ainsi que de la dématérialisation des modalités de collecte de ces impôts et taxes. Dans ce sillage, l'immobilier et les successions deviennent de principaux centres d'attraction, de principaux centres d'intérêt. Ils le

---

[1] Le développement prodigieux du marché foncier, fait des transactions immobilières, des opérations aux enjeux considérables, ce d'autant plus que ces opérations sont désormais imposées à des taxes diverses. BUHL (M.) *Sociétés civiles immobilières (SCI) création-gestion-évolution,* édition Delmas, 2013, p. 19 ; DZEUKOU (G.-Bl.), « Les doubles ventes immobilières », in *Droit et politique de l'immobilier en Afrique*, Mélanges en l'honneur d'André TIENTCHEU NJIAKO, PUA, 2015, pp. 124-149, sp. p. 124.

[2] ATANGA FONGUE (R), *Contrôle fiscal et protection du contribuable dans un contexte d'ajustement structurel le cas du Cameroun,* L'Harmattan, Paris, 2007, p. 5.

[3] Cf. circulaire N° 0001/CAB/PRC du 20 juin 2018 relative à la préparation du budget de l'État pour l'exercice 2019

[4] La notion de « **patrimoine** » a des implications très diverses en droit fiscal. On peut l'analyser sous l'angle de la fiscalité du patrimoine, en opérant une distinction entre les impositions selon qu'elles portent sur la détention du patrimoine, sur les revenus de ce dernier ou sur sa mutation, à titre gratuit ou onéreux. On peut également l'étudier sous l'angle de la distinction entre patrimoine professionnel et patrimoine privé des exploitants individuels. MBANDJI MBENA (E), *Gestion de patrimoine,* IUCATHO SAINT JEROME, Douala, 2015-2016, pp. 4-5.

[5] VOIR *Impôts infos* n° 005 mai 2017, p. 24.

sont en raison non seulement de leur stabilité et de leur pérennité[6], mais aussi au regard d'importants revenus générés par des opérations liées à ces secteurs.

Ce contexte de réforme des mutations immobilières[7], d'optimisation accrue de la liquidation, du recouvrement, du contrôle des droits d'enregistrement et autres droits fiscaux auprès des officiers publics milite en faveur d'un questionnement, d'une redéfinition des contours de la responsabilité fiscale du notaire dans l'exercice de ses activités.

Le notaire, acteur central des transactions immobilières[8] et de liquidation des successions, se doit d'être affûté pour répondre aux sollicitations de l'administration fiscale. Il risque de voir sa responsabilité fiscale engagée dans le cadre d'un contrôle fiscal, dont l'objectif de rentabilité financière est désormais contraignant. Ainsi, l'intérêt du notariat se confirme au Cameroun dans le secteur redoutable des transactions immobilières dont la sécurisation juridique occupe environ plus de 50 % de l'activité des notaires, devançant ainsi les successions et les libéralités. Le notaire en vertu de son rôle de collecteur d'impôts et de redevable légal, devra concilier à la fois des intérêts divergents des particuliers et de l'État. Une mission pourtant difficile dans un contexte de méconnaissance et de complexité de la loi fiscale.

En effet, face à des clients désireux d'alléger absolument leur charge fiscale, avec une propension croissante à échapper à l'impôt, le notaire est tenu au devoir de neutralité. Il est d'abord un officier ministériel chargé de préserver les intérêts de l'État. Il lui incombe en effet de recouvrer, lors de la conclusion des actes qu'il authentifie, les droits de mutation, à titre gratuit, et onéreux, la TVA et les plus-values immobilières. En ces matières, c'est au notaire de liquider, de déclarer et de payer l'impôt, solidairement avec les parties. Il lui revient ainsi

---

[6] EDOA MVOGO (H- E), *Les enjeux actuels de la fiscalité immobilière : législation, gestion et rendement,* Mémoire, ENAM, 1995/1997, 98. p. sp. pp. 7 et s

[7] La réforme vise à corriger de nombreuses insuffisances en poursuivant des objectifs suivants : la réduction des délais d'enregistrement, la simplification des procédures à travers le recours aux télé- procédures, la rationalisation des méthodes de travail de l'administration fiscale, l'amélioration du rendement et la sécurisation des recettes fiscales, la réduction des contacts avec les usagers.

[8] L'article 8 de l'ordonnance n° 74-1 précise en ce qui concerne la forme que « *les actes constitutifs, translatifs ou extinctifs de droits réels immobiliers doivent à peine de nullité, être établis en la forme notariée…* ».

d'analyser les dispositions fiscales légales et réglementaires, les instructions administratives et la jurisprudence fiscale pour en tirer toutes les conséquences pratiques.

En tant que redevable légal[9], le notaire est un intermédiaire fiscal. Il doit reverser au trésor public ce qu'il a collecté auprès du redevable réel[10]. Le risque est donc grand de voir le notaire distraire les recettes fiscales de l'État pour son propre compte. C'est pour cela que le législateur a prescrit à l'égard des notaires des obligations de faire (déclaration dans les délais) ou de ne pas faire (interdiction de délivrer, rédiger, annexer ou recevoir certains actes avant la formalité de l'enregistrement). En outre, le Code Général des Impôts fait obligation aux notaires de tenir des répertoires à colonnes sur lesquels ils inscrivent les actes jour par jour, sans blanc ni interligne, et par ordre de numéro[11]. Ces obligations sont en principe d'application stricte et les notaires doivent les respecter. En cas de manquement, les notaires s'exposent à des sanctions diverses engageant ainsi, leur responsabilité fiscale. La jurisprudence exige beaucoup du notaire dans le domaine du conseil fiscal. Il est non seulement l'un des spécialistes, mais aussi le praticien. Chacun des actes qu'il reçoit doit être soumis à enregistrement et donne lieu à la perception des droits.

Il est toutefois à noter que la responsabilité fiscale du notaire est régulièrement mise en œuvre dans le cadre des différents contrôles fiscaux[12]. Ces derniers comprennent, les contrôles sur pièces et les contrôles sur place. La mise en jeu de cette responsabilité suppose que le recouvrement des impositions et pénalités fiscales ait été rendu impossible soit par des manœuvres frauduleuses, soit par des inobservations graves et répétées des obligations fiscales de la part des notaires. Cette responsabilité solidaire découlant de la perception des droits de mutation est engagée lorsque l'administration fiscale procède

---

[9] Le redevable légal, c'est celui entre les mains de qui l'administration fiscale doit revendiquer le paiement des droits ou de l'impôt. ATANGA FONGUE(R), *Éléments de la fiscalité des affaires au Cameroun*, op.cit., p.66.

[10]Le redevable réel, contribuable directement redevable de l'impôt dû. BIBOUM NLEP (Th.), *La contribution de la formation et de l'information du contribuable dans la lutte contre l'incivisme fiscal*, Mémoire, ENAM, 1997, p. 39 ;

[11] Art. 382 et suivants du CGI

[12] Pour plus de précisions sur le contrôle fiscal, voir BANAKEN (J), *Le contrôle fiscal au Cameroun,* Mémoire master II, Université de Douala, 2013/2014, 136.p.

à un rappel des droits distraits avec possibilité des sanctions tant fiscales que pénales.

Mais, l'on constate très souvent dans la pratique que les notaires chargés de rédiger les actes solennels sont souvent victimes de douloureux redressements fiscaux au regard des nombreuses irrégularités fiscales commises notamment la non-présentation des actes à la formalité d'enregistrement, la minoration ou la dissimulation des bases de l'impôt et bien d'autres manquements encore qui concourent à la déperdition des recettes fiscales. Preuves parfois d'une méconnaissance ou non des implications fiscales des actes qu'ils reçoivent.

D'ailleurs, l'actualité témoigne malheureusement une tendance pernicieuse qui semble ériger les notaires en grands zélateurs, notamment de la fraude fiscale de leurs clients. Cette fraude fiscale constitue parfois à tort, le moyen de s'attacher la fidélité de leurs clients. Dans cette optique, les notaires pourtant considérés comme des professionnels désintéressés et indépendants, des rédacteurs impartiaux jouissent ainsi, dans leur immense majorité d'un préjugé défavorable au regard de l'honnêteté fiscale tant recherchée dans les rapports avec le fisc d'où, des titres d'articles assez évocateurs « notaires au service de la fraude fiscale »[13].

Il devient donc urgent de recentrer le débat sur leurs obligations fiscales. Le contexte juridique et fiscal de la gestion du patrimoine est particulièrement évolutif, et les techniques des contrôles fiscaux plus raffinées et de plus en plus sophistiquées, d'où le choix du thème « ***la responsabilité fiscale du notaire en matière immobilière et successorale au Cameroun*** ».

Pour mieux cerner ce thème, l'on abordera tour à tour, les clarifications notionnelles (I), la délimitation du sujet (II), l'objectif de l'étude (III), la problématique (IV), l'intérêt de l'étude (V), le cadre méthodologique (VI) et l'annonce du plan (VII).

I- LES CLARIFICATIONS NOTIONNELLES

Dans son cours de droit administratif, Charles EISENMANN recommandait de commencer toujours par résoudre avec clairvoyance

---

[13] GARRIGUES (J.) et DENOEL (Y.), *Histoire sécrète de la corruption sous la Ve République*, Nouveau Monde éditions, Paris, 2014.

le problème de définition des concepts qui forment l'armature d'une étude, sinon poursuit-il, *« on discuterait dans l'obscurité en vain »*[14]. Allant dans le même sens, Émile DURKHEIM souligne que *« la première démarche du (chercheur) doit être de définir les choses dont il traite afin qu'il sache ce qui est en question »*[15].

Le présent sujet porte donc sur des notions plurivoques, polysémiques suffisamment complexes qui nécessitent des définitions sans pour autant prétendre à l'exhaustivité notamment : la responsabilité (A), la fiscalité (B), le notaire (C), l'immobilier (D), les successions (E).

A- La notion de responsabilité

Le mot responsabilité concède plusieurs définitions possibles. Étymologiquement du latin « *respondere* », répondre de[16]. Dans son sens général, la responsabilité est l'obligation de répondre d'un dommage devant la justice et d'en assumer les conséquences civiles, pénales, disciplinaires, etc.[17]

La responsabilité est l'obligation de réparer une faute, de remplir une charge, d'assumer son engagement. Cela revient à dire que la responsabilité est l'idée d'avoir la perception des conséquences des actes posés et d'être capable de les assumer. Être responsable c'est se reconnaitre comme auteur de ses actes et être reconnu comme tel. C'est accepter les conséquences et en répondre devant soi, devant autrui, devant la société[18]. Être responsable c'est aussi admettre la nécessité de remplir un devoir, de tenir un engagement puis de réparer un dommage causé[19]. La responsabilité peut être morale ou juridique.

14BEGNI (B), *L'harmonisation des politiques fiscales en zone CEMAC : esquisse de théorie du droit fiscal communautaire*, Thèse de doctorat en droit public, Université de Douala, 2013, p.23.

15 *Ibid.*

16 CORNU (G), *Vocabulaire juridique* Association Henri CAPITANT, PUF, 11e éd, Paris, 2016, p.918.

17 *Idem.*

18 FLORIN (M-P.), MOUSSA (T.), *Les obligations et la responsabilité juridique de l'infirmière*, Le Centurion, Paris, 1985, p.10.

19 *Idem.*

La responsabilité est morale[20] (ou subjective) lorsque l'individu répond de sa conduite devant Dieu (s'il est croyant) ou devant sa propre conscience ; la sanction est alors exclusivement intérieure (satisfaction, regret, remords, honte…).

La responsabilité est en revanche juridique (ou objective, ou encore légale) lorsqu'un individu viole un devoir de conduite préalablement consacré par une norme juridique. Une personne qui est jugée selon la loi, et qui est considérée responsable de la violation d'une norme juridique recevra donc une sanction voire perdra sa liberté (détention). Ainsi, la responsabilité au sens juridique définit les règles selon lesquelles une personne physique ou morale est susceptible de répondre des conséquences dommageables de ses actes ou de ses abstentions. Cette responsabilité juridique se divise elle-même en responsabilités civile, pénale, disciplinaire et fiscale.

La responsabilité *civile* consiste dans l'obligation de réparer le dommage causé à autrui et résultant :

- d'une faute intentionnelle (responsabilité délictuelle) ;
- d'une faute non intentionnelle : négligence, imprudence (responsabilité quasi délictuelle) ;
- du fait des personnes dont on répond (responsabilité du fait d'autrui) ;
- du fait des choses dont on a la garde juridique (responsabilité du fait des choses) ;
- de l'inexécution ou de l'exécution défectueuse d'un contrat (responsabilité contractuelle).

La responsabilité *pénale* est la conséquence de la violation d'une loi dont le but principal est la protection d'un intérêt social, général. Prévue pour protéger la société, cette responsabilité se traduit par l'obligation de subir la sanction, la peine prescrite par la loi violée : amende, emprisonnement, interdiction de séjour, interdiction d'exercer une profession, déchéance des droits civiques, etc. La responsabilité pénale ne peut être recherchée que si l'infraction et sa sanction résultent expressément d'une loi établie antérieurement à l'acte délictueux[21].

---

[20] FLORIN (M-P), MOUSSA (T), *op.cit..*, *p.*103

[21] FLORIN (M-P), MOUSSA (T), *Les obligations et la responsabilité juridique de l'infirmière, op.cit.,* p.104.

La responsabilité *disciplinaire* est celle qu'entraine la violation d'une règle professionnelle ou, dans certains cas, non professionnelle ; elle ne s'impose à un individu que tant qu'il exerce une profession[22].

La responsabilité *fiscale* renvoie à la sanction de l'inobservation des obligations fiscales par un individu ou par un redevable réel ou légal. La responsabilité fiscale se rapporte à la perception de l'impôt. Elle répond au besoin de sécurité et prévisibilité fiscales surtout dans un environnement où l'appât du gain fiscal est érigé en dogme[23]. Ainsi, le notaire sera jugé par rapport à la réglementation fiscale. Le législateur fiscal, dans un souci de préserver les intérêts financiers de l'État, a élaboré des règles précisant les obligations de chacun et les peines encourues par celui qui y manquerait. Des textes précisent ainsi la nature des obligations, les conditions de la responsabilité et les sanctions encourues. Le notaire, en tant que contribuable, n'y échappe pas. Raison pour laquelle l'on parlera de responsabilité fiscale du notaire au regard des droits fiscaux contenus dans les frais de notaire pour chacun des actes qu'il peut instrumenter ou réaliser[24].

B- La notion de fiscalité

La fiscalité n'est pas une invention récente. Elle remonte des temps immémoriaux. Si son appellation parait plus actuelle, son contenu et ses exigences comme ses applications traversent le temps[25]. Le vocable fiscalité que les anglophones dénomment « fiscality » est, par nature, complexe parce qu'il épouse tous les aspects de la vie, comprend de nombreuses assertions et comporte ainsi plusieurs sens[26].

Elle s'entend du point de vue littéral comme un « système de perception des impôts ; (et) elle peut aussi être l'ensemble des lois et mesures destinées à financer ce qui s'y rapporte ». Dans le même ordre d'idée, le dictionnaire le Littré la définit comme « le système de lois relatives au fisc ».

---

[22] *Idem.*

[23] PHALIP (C), *La gestion du risque fiscal par la profession notariale*, Lexis Nexis, Paris, 2011, p.12.

[24] LE FUR (E), *Guide pratique de l'immobilier,* 2e édition, Les Editions du Siècle, Paris, 2009, p.24.

[25] MULAMBU (P-K), *La fiscalité et le développement, analyse critique et perspectives*, L'Harmattan, Paris, 2018, p.17.

[26] *Idem.*

Au sens large du terme, la fiscalité correspond à l'ensemble des prélèvements obligatoires effectués sur les agents économiques sans discrimination par les pouvoirs publics. Ces prélèvements concernent principalement les impôts proprement dits, mais aussi les taxes fiscales, voire les taxes parafiscales[27].

Dans une assertion plus restreinte, la fiscalité signifie, selon les auteurs, l'ensemble des mesures ou des lois organisant la perception des impôts et des taxes fiscales qui constituent les principales ressources de l'État et des collectivités locales pour faire face aux charges communes[28].

L'on peut aussi dire que la fiscalité est l'ensemble des règles qui confèrent à l'État le pouvoir de prélever irrévocablement et unilatéralement sur les revenus et les activités des contribuables, les impôts et taxes de manière autoritaire et sans contrepartie[29].

La fiscalité se définit encore comme l'ensemble des dispositions légales régissant les impôts et taxes mis à la charge du contribuable et dont le produit est dévolu à l'État en vue d'assumer ses missions régaliennes[30]. Le Code Général des Impôts fait de la fiscalité, la partie de la science juridique qui étudie les différents prélèvements opérés par l'État sur les revenus, la consommation et le capital des individus[31].

C- Le notaire

Le notaire est l'homme de l'écrit[32] et des contrats[33]. Il est celui qui, parmi tous les professionnels du droit, a été « institué » pour rédiger les actes juridiques et leur conférer l'authenticité[34]. Le législateur l'a doté d'un statut spécifique : celui d'« officier public » dont la mission est de recevoir « *tous les actes et contrats auxquels les parties doivent ou*

---

[27] *Idem.*

[28] MULUMBU (P-K), *op.cit.*, p.17.

[29] NKAKE EKONGOLO (D-B), *Cours de fiscalité immobilière*, Master II professionnel, Université de Douala, 2016-2017, p.6.

[30] NKAKE EKONGOLO (D-B), *Cours de fiscalité immobilière*, *op.cit.*, pp. 6-7.

[31] *Idem.*

[32] POULPIQUET (J), *Responsabilité des notaires, civile, disciplinaire, pénale,* Dalloz, Paris, 2003, p.6.

[33] Sur les diverses définitions de la notion de contrat, lire : MBANDJI MBENA (E), « La contractualisation des rapports pécuniaires entre époux en droit camerounais », in *Juridical tribune,* 2016/4, Article 7, p. 3.

[34] CORNU(G), *Vocabulaire juridique, op.cit.,* p. 692.

veulent faire donner le caractère d'authenticité attaché aux actes de l'autorité publique, en assurer la date, en conserver le dépôt, en délivrer des grosses et des expéditions »[35].

Officier public et officier ministériel délégataire du sceau de l'État, le notaire est chargé de conférer l'authenticité aux actes instrumentaires et de conseiller les particuliers[36]. Le notaire est ainsi, le seul juriste ayant reçu mission et pouvoir de créer l'authenticité[37]. Il est l'authentificateur de droit commun : il rédige ou fait rédiger un acte après l'avoir fait signer par les parties, il le signe lui-même, il appose son sceau et cet acte devient « authentique ». L'authenticité est une notion phare, riche de sens et d'implication positive. Elle donne aux actes qui en sont pourvus une fiabilité et une force exceptionnelles ; elle permet en effet d'obtenir des actes dotés d'une force probante inégalable et possédant force exécutoire.

Le notaire est ainsi, le détenteur d'une parcelle de l'autorité publique. Sa qualité d'officier public confère à ses actes une efficacité exceptionnelle. Il a, en outre, une mission statutaire d'assurer la pacification et la sécurité des relations contractuelles. Ainsi, le notaire se retrouve dans le domaine du conseil juridique, de l'authentification des actes, de la perception des droits pour le compte de l'État, et enfin de la publication et de la conservation des actes publics notariaux[38]. Il est également tenu par un devoir de conseil dans la mesure où il doit faire connaitre aux parties l'étendue des obligations qu'elles contractent.

À l'origine, le notaire a été considéré comme un simple scribe. Mais la loi du 25 ventôse an XI du 16 mars 1803 s'efforça de lui trouver un statut juridique plus louable en faisant des notaires « les fonctionnaires publics » établis pour recevoir tous les actes et contrats auxquels les parties doivent ou veulent faire donner le caractère d'authenticité attaché aux actes de l'autorité, et pour assurer la date, en conserver le dépôt, en délivrer des grosses et des expéditions.[39] Cette définition a été reprise par l'article 1er de l'ordonnance française du 2 novembre 1945

[35]Cf. article 2 du décret n° 95/034 du 24 février 1995 portant statut et organisation de la profession de notaire

[36]GUILLIEN (R) et VINCENT (J), *Lexique des termes juridiques*, (Dir), Dalloz, 25e éd., Paris, 2017, p.760.

[37] POULPIQUET (J), *op.cit.*, p. 6-7.

[38]POULPIQUET (J), *Responsabilité des notaires, civile, disciplinaire, pénale*, *op.cit.* p.7.

[39] Article 1er de la loi du 25 ventôse an XI portant organisation du notariat

qui fait des notaires, non plus des « fonctionnaires publics », mais des « officiers publics »[40]. C'est cette définition qui a été entièrement reprise par l'article 2 du décret camerounais du 24 février 1995 suscité, faisant également des notaires les « officiers publics »[41].

Son domaine de compétence couvre trois grands secteurs du droit notamment : le droit civil (contrat de mariage, divorce, donation, succession), le droit immobilier (achat, vente, échange) et le droit des affaires (constitution des sociétés, restructuration des sociétés).

D- L'adjectif « immobilier »

Il se rapporte à un immeuble. L'immeuble est défini comme un fond de terre et ce qui y est incorporé. Il représente également les *« droits portés sur les immeubles*[42] ». Il peut aussi être appréhendé comme « *un bien qui par nature ne peut être déplacé* »[43]. L'on distingue trois types d'immeubles à savoir l'immeuble par nature, l'immeuble par destination et l'immeuble par l'objet auquel il se rapporte ou auquel il s'applique.

Pour ce qui est de l'immeuble par nature, l'on retrouve les fonds de terre et les bâtiments comme il ressort de l'article 518 du Code civil[44].

L'immeuble par destination quant à lui, est « *un meuble que la loi répute immeuble parce qu'il l'est par la volonté de son propriétaire, qui l'a affecté au service et à l'exploitation. Exemple un tracteur servant à une exploitation agricole ou un bien attaché à perpétuelle demeure* »[45].

L'immeuble par l'objet auquel il s'applique de par son importance tel un meuble peut être traité comme un immeuble à l'instar des bâtiments (navires), des aéronefs (avions).

---

[40] Le Lexique des termes juridiques 25e édition définit l'Officier public comme un titulaire d'un office ayant qualité pour dresser des actes authentiques. GUILLIEN (R) et VINCENT (J), *Lexique des termes juridiques*, *op. cit.*,, Voir définition de « Officier public ».

[41] MBEBI (C), *Le rôle du notaire dans la protection du patrimoine des personnes vulnérables*, *op.cit.* p.13.

[42] GUINCHARD (S) (dir.), *Lexiques des termes juridiques,* Dalloz, 16è édition, Paris, 2007, p.343.

[43] *Dictionnaire universel*, 4è éd. Paris, Hachette, EDICEF, 1988, p.602.

[44] GATSI (J), *Code civil du Cameroun,* PUL, Douala, 2010.

[45] GUINCHARD (S) (dir), *Lexiques des termes juridiques*, op.cit. V. immeuble par destination.

Dans la famille des immeubles par nature, l'on distingue les immeubles bâtis et non bâtis. L'article 3 du décret n° 2014/1881/PM du 14 juillet 2014, dispose que « *l'immeuble bâti est défini comme toute construction achevée ou non, édifiée sur un terrain. Et l'immeuble non bâti quant à lui désigne un terrain nu, libre de toute construction* »[46].

Quelle que soit sa nature, tout immeuble ou toute opération immobilière donne lieu à une imposition qui participe au financement du budget de l'État. Le fisc y veille d'ailleurs au regard du boom immobilier observé à l'heure actuelle.

E- La notion de succession

La succession désigne plusieurs choses. Il s'agit d'abord d'un procédé de transmission des droits subjectifs par le décès[47]. Ici nous aurons un auteur (*le ''de cujus''*) et un ayant-cause (l'héritier). Il s'agit aussi du patrimoine ou d'une partie de patrimoine qui passe de la tête du *de cujus* à la tête d'un héritier. Il s'agit enfin du droit même de l'héritier, ce qui amène à parler de : droit de succession du conjoint survivant, de l'enfant légitime ou de l'enfant naturel, etc. Le droit de succession est fondamentalement rattaché au droit de propriété.

Le mot succession désigne donc la transmission des biens et droits d'une personne à savoir le défunt, au profit d'autres personnes survivantes, les héritiers désignés par la loi ou par la volonté du défunt[48]. La succession est un événement au cours duquel il y a transmission du patrimoine du propriétaire vers les héritiers. Cette transmission est généralement pilotée par le notaire qui se charge de déterminer la valeur exacte du patrimoine[49].

L'ouverture de la succession ne se fait qu'après la mort de l'individu. Juridiquement parlant, c'est la mort au sens large du terme comprenant

---

[46] Décret n° 2014/1881/PM du 4 juillet 2014 fixant modalités d'évaluation administrative des immeubles en matière fiscale.
[47] MBANDJI MBENA (E), *Gestion de patrimoine, op. cit.,* voir le chapitre sur « la gestion de patrimoine pour cause de mort ».
[48] MATOUKAM DEFFO (G-A), *Le régime fiscal de l'imposition des successions au Cameroun*, Mémoire de Master II, option Fiscalité Appliquée, Université de Douala, 2015-2016, p.1.
[49] *Idem.*

le décès[50], l'absence[51] et la disparition[52]. La succession implique les héritiers. Pour être héritier, il faut remplir les conditions prévues par les articles 725 et suivants du Code civil. Parmi ces conditions, l'héritier doit exister physiquement ou biologiquement (règle : *infans conceptus pro nato habetur quoties de comodis ejus agitur* ; c'est-à-dire l'enfant conçu est considéré comme né chaque fois qu'il y va de son intérêt). L'héritier ne doit pas être frappé d'indignité, c'est-à-dire ne pas avoir porté atteinte à la vie du défunt, à son honneur[53].

De façon générale, les droits de succession sont déterminés par la volonté du défunt. Ceux-ci peuvent être testamentaires ou à défaut être organisés par la loi. Toute transmission de patrimoine pour cause de décès emporte toujours des conséquences fiscales. La notion de patrimoine requiert une kyrielle de définitions.

En effet, pour l'Encyclopédie de l'Internaute, le patrimoine est l'ensemble des biens hérités des parents. Ce site définit également ce concept comme l'ensemble des biens d'un groupe, d'une communauté, d'une collectivité.[54]

Selon le Dictionnaire du Droit privé, le patrimoine est constitué par l'ensemble des biens qui appartiennent à la personne physique[55] ou morale[56]. Cependant, du point de vue juridique, le patrimoine est constitué de l'ensemble des droits et des obligations d'une personne juridique. Il s'agit plus exactement d'une fiction juridique ; le patrimoine étant l'enveloppe (fictive) qui a vocation à recueillir les droits et les obligations d'une personne. À la compréhension de cette définition, l'on peut admettre que le patrimoine comporte à la fois un actif et un passif[57].

---

[50] Articles 77 et suivants Code civil et les articles 78 et suivants de la loi n° 2011/011 du 6 mai 2011 portant modifications de certaines dispositions de l'Ordonnance de 1981.
[51] Code civil, art 112 et suivants.
[52] Code civil, Art.88 et suivants.
[53] Code civil, Art.727 et suivants ; MBANDJI MBENA (E.), *Les droits fondamentaux de l'enfant en droit camerounais,* tome 1, édition PAF, Saarbruken, 2013, n° 302.
[54] MBEBI (C), *Le rôle du notaire dans la protection du patrimoine des personnes vulnérables,* Thèse, Doctorat en droit privé, Université de Douala, 2017, p.8.
[55] PARRAT (Fr), *Le patrimoine du chef d'entreprise en France,* ORCOM, Gualino Editeur, Lextenso Editions, 2018, 301 pages ;
[56] MBANDJI MBENA (E), *Gestion de patrimoine, op. cit.*, voir les définitions de « la notion de patrimoine ».
[57] *Idem.*

II- LA DÉLIMITATION DU SUJET

À présent, il est nécessaire de consentir quelques limitations destinées à réduire le risque de déperdition dû à un champ d'études trop vaste. Il importe donc de saisir le cadre matériel (A), et le cadre géographique (B) de cette recherche.

A- Le champ matériel de la recherche

Le sujet vise uniquement à analyser la responsabilité fiscale du notaire en matière immobilière et successorale vis-à-vis de l'administration fiscale.

D'un côté, l'on sait que le notaire est le bras séculier de l'administration fiscale en matière de perception des droits fiscaux relatifs aux transactions immobilières et successorales. À ce titre, le notaire est soumis à un certain nombre d'obligations fiscales dont l'inobservation entraine ipso facto, la mise en œuvre de sa responsabilité.

De l'autre côté, l'administration fiscale est investie de prérogatives de puissance publique, avec des pouvoirs d'investigation accrus, des moyens de recouvrement exorbitants en matière de répression de la fraude fiscale[58]. Ainsi, la menace de redressement au travers d'un contrôle fiscal constitue une préoccupation constante du notaire, surtout en matière immobilière et successorale.

L'étude ne prend pas en compte la responsabilité fiscale du notaire dans le cadre de la gestion de son office encore moins dans le cadre de la déclaration de ses revenus annuels ; notamment l'impôt sur les sociétés, et la fiscalité plus personnelle du revenu global dans le cadre de l'impôt sur le revenu. Seront évincés de cette étude, les impôts qui n'ont aucun lien avec la transaction immobilière et la liquidation de la succession. L'on exclura les obligations de droit commun du notaire à savoir : l'obligation d'immatriculation ; l'obligation de localisation, l'obligation de déclaration et de paiement des divers impôts (TVA, IS, IRPP, patente, taxe foncière et autres), l'obligation de conservation et de communication des documents, l'obligation de tenue des registres comptables.

---

[58]ATANGA (R), TOCKE (A), *Éléments de la fiscalité des affaires au Cameroun*, L'Harmattan, Paris, 2011, p.12.

L'étude exclut également de son champ les différentes responsabilités notamment, civile, disciplinaire et sociale du notaire[59].

Il sera question uniquement d'analyser la relation entre le fisc et le notaire sous le prisme de sa responsabilité en matière immobilière et successorale. La responsabilité fiscale du notaire sera engagée sur la base des impositions auxquelles sa profession est quotidiennement confrontée dans ses activités surtout en matière de transactions immobilières privées[60] et successorales, notamment :

- l'enregistrement et les droits de mutation à titre onéreux (droit de vente) et gratuit (droit de succession) ;
- les plus-values immobilières ;
- et accessoirement, la taxe sur la valeur ajoutée immobilière.

Il s'agira donc d'une responsabilité solidaire[61] inhérente à la faute découlant de la perception des droits et taxes. Celle-ci ne sera actionnée que si le notaire chargé de retenir et de reverser s'est abstenu volontairement ou non de le faire ou ne l'a fait que partiellement. Le législateur camerounais a encadré cette obligation de retenue à la source d'une rigueur comme il ressort de l'article 304 du CGI en ces termes *« les droits des actes et ceux des mutations sont payés avant l'enregistrement aux taux et quotités fixés par le présent code. Nul ne peut en atténuer ni différer le paiement sous prétexte de contestation sur la quotité ni pour quelque motif que ce soit sans en devenir personnellement responsable sauf à se pourvoir en restitution s'il y a lieu ».*

Des interpénétrations peuvent toutefois exister entre la gestion de son office et les malversations touchant les domaines immobiliers et successoraux rendant ainsi difficile de dissocier les différentes obligations et responsabilités du notaire. Dans ce sillage, cloisonner les différentes responsabilités est peu probable.

---

[59] DE POULPIQUET (J), *Responsabilité des notaires, civile, disciplinaire, pénale, op.cit.*, .p. 29

[60] Au sens du décret n° 79-017 du 13 janvier 1979 relatif aux transactions immobilières privées et repris par le décret de 2016 notamment la vente, la cession gratuite ou l'échange entre particuliers.

[61] Sur la solidarité de paiement, voir NTSIKOU METENDJOU (P-D), *La solidarité de paiement en matière fiscale*, Mémoire de Master II, option fiscalité appliquée, Université de Douala, 2006-2007, 76.p.

B- Le cadre géographique de l'étude : La République du Cameroun

Le cadre géographique renvoie à son champ d'études, à son milieu, à son environnement[62]. Parlant à ce propos, le Professeur Magloire ONDOA précise que « *le cadre de la recherche se présente sous une double dimension conceptuelle et géographique. Dans les deux cas, il s'agit de situer le thème de réflexion, afin d'éviter les débordements vers lesquels il peut entrainer* »[63].

Le cadre de l'étude est bien limité au Cameroun. C'est cette République qui constitue le cadre géographique de la présente étude. Mais, l'analyse peut visiter certaines législations des pays de tradition française notamment, la France, le Canada, le Sénégal, le Togo. L'on pourra convoquer la législation, la jurisprudence, la doctrine et bien d'autres de ces pays pour enrichir notre étude[64]. Au titre de droit comparé, la recherche pourra sortir du Cameroun pour s'interroger sur l'aménagement de la responsabilité fiscale des notaires dans d'autres pays et surtout la France qui est la vitrine incontestable des reproductions juridiques camerounaises.

Le champ de l'étude étant circonscrit, il revient de s'appesantir sur les objectifs de l'étude.

III- LES OBJECTIFS DE L'ÉTUDE

L'on pourra ressortir dans cette rubrique, l'objectif principal (A) et les objectifs secondaires (B).

A- L'Objectif principal

Le facteur fiscal reste une contrainte non négligeable dans le cadre des transactions en matière immobilière et successorale. Cela suppose

---

[62] MBPILLE (P-E), *Le président de la République en droit constitutionnel camerounais*, Thèse de doctorat en Droit public, Université de Douala, 2015, p.24.

[63] ONDOA (M), *Le droit de la responsabilité publique dans les États en développement : contribution à l'étude de l'originalité des droits africains*, Thèse de Doctorat d'État en Droit public, Université de Yaoundé II-Soa, 1997, 952 pages, p.5. Cité par MBPILLE (P-E), *idem*, p.24.

[64] L'article 1er de l'ordonnance française du 02 novembre 1945 est entièrement repris par l'article 2 du décret camerounais du 24 février 1995 portant statut et organisation de la profession de notaire.

que le notaire en tant que collecteur d'impôts et soumis au contrôle de l'administration fiscale, puisse maitriser les différents prélèvements à opérer dans le cadre de ces transactions au risque de voir sa responsabilité engagée. L'objectif de cette étude est d'aboutir à une sécurité fiscale complète à travers une maitrise exemplaire du risque fiscal par le notaire, surtout dans un contexte où ce dernier va devoir démêler une législation volumineuse et confuse superposant des textes imprécis et difficiles d'appréhension[65].

B- Les objectifs secondaires

Plusieurs objectifs secondaires caractérisent également cette étude. Il s'agit entre autres :

- d'appréhender avec plus de précision, les dispositifs fiscaux applicables aux transactions immobilières et successorales ;
- d'appréhender l'étendue des obligations fiscales du notaire dans le cadre des transactions immobilières et successorales ;
- de mettre en lumière les sanctions fiscales auxquelles les notaires sont quotidiennement exposés du fait de l'inobservation des obligations fiscales
- de recenser tous les risques fiscaux auxquels s'expose l'exercice de la profession, et la façon de les réduire ou de les surmonter ;
- d'améliorer la culture fiscale du notaire ;
- d'améliorer le dialogue et la coopération du notariat avec l'administration fiscale ;
- de prévenir les risques d'indiscipline fiscale.

La présente étude consiste en une mise en perspective des obligations fiscales du notaire, l'énumération de ses obligations sera complétée de sanctions applicables en cas de fraude fiscale.

---

[65] WIBER (S-L), *Le contrôle fiscal décodé, Comprendre le contrôle fiscal et apprendre à en gérer les risques*, l'Apart, éditions, 2013, pp. 3 et s. ; SERLOOTEN (P), *Droit des affaires*, 5è éd. Sirey, 710 p.

IV- LA PROBLÉMATIQUE DE L'ÉTUDE

« La problématique est la matrice de la pensée » qui oriente le chercheur. Sa construction s'appuie sur un certain nombre de préceptes qui en constituent des préalables nécessaires[66].

Dans la société contemporaine, l'emprise de la fiscalité est telle que chaque décision ou presque s'accompagne aujourd'hui de conséquences fiscales. Les risques fiscaux inhérents à toute option ou opération ne peuvent être ignorés. L'étude se situe au cœur d'une dialectique, d'une confrontation d'intérêts divergents.

D'un côté, les clients du notaire dont le souci sinon, l'obsession est de réduire absolument la charge fiscale, se livrent à des pratiques peu orthodoxes et contestées, érigeant l'optimisation fiscale en slogan de la gestion du patrimoine.

De l'autre côté, les pouvoirs publics ont de tout temps redoublé de stratégies et d'imagination pour taxer les activités humaines dans leur plus grande diversité et subtilité. Frappant indifféremment l'acquisition, la détention et la transmission des biens immobiliers et autres. Ainsi l'administration fiscale, bras séculier des pouvoirs publics, est à la recherche des recettes, qui sont d'une très grande importance pour l'État dans la couverture des charges publiques. Le contexte se prêtant à l'élargissement de l'assiette fiscale, l'administration fiscale est prompte à sanctionner la moindre faute du contribuable. Le contexte actuel recommande l'accélération de la lutte contre la fraude fiscale sous toutes ses formes[67].

Dans cette perspective, le notaire, professionnel indépendant et désintéressé, soucieux de la sécurité fiscale des opérations, doit véritablement jouer son rôle en respectant ses obligations fiscales au risque de voir sa responsabilité fiscale engagée. La préoccupation légitime du notaire est de protéger le client tout en préservant les intérêts financiers de l'État. Il est difficile pour lui, dans ce contexte de rechercher l'équilibre face à cette opposition permanente d'intérêts divergents. C'est conscient de cette difficulté d'équilibre que le législateur a créé des mécanismes de mise en jeu de la responsabilité

---

[66] MBALLA OWONA (R), *La notion d'acte administratif unilatéral au Cameroun*, Thèse de doctorat/ph.D, en droit public, Université de Yaoundé II Soa, 2010, p.53.
[67] LONGANG NGUEWOU (Y-R), *La répression pénale de la fraude fiscale au Cameroun*, Mémoire de Master II, Fiscalité Appliquée, Université de Douala, p. 10.

fiscale du notaire. Il est donc intéressant d'y voir la question principale de recherche (A) et les questions secondaires (B).

A- La formulation de la question principale de la recherche

Dans le souci de préserver les intérêts financiers de l'État, comment le législateur a-t-il aménagé la responsabilité fiscale du notaire en matière immobilière et successorale ? Telle est la question principale qui structure cette étude. Mais autour de la question principale de recherche, gravitent des questions secondaires.

B- Les questions secondaires

Le notaire dans un souci de sécurité et de prévisibilité fiscales des transactions en matière immobilière et successorale maitrise-t-il l'étendue de ses obligations fiscales ? Maitrise-t-il les sanctions en cas d'inobservation de ses obligations fiscales ? Comment faire donc pour éviter la mise en œuvre de sa responsabilité fiscale, surtout face à la multitude des textes, à leur caractère changeant et à leur complexité ? Sait-il qu'il est solidairement responsable[68] des droits et pénalités exigibles sauf recours contre le redevable réel ? Une fois sa responsabilité fiscale engagée, peut-il s'en défendre ? Le notaire est-il suffisamment informé sur ses obligations fiscales pour contrarier les éventuelles sanctions du fisc ? Quel est le régime des sanctions du notaire à la suite de l'inobservation de ses obligations fiscales en matière immobilière et successorale ? Quels sont les mécanismes d'engagement de la responsabilité fiscale du notaire ?

Toutes ces questions méritent une attention particulière et suscitent de l'intérêt à cette étude.

V- L'INTÉRÊT DE L'ÉTUDE

Dans un contexte marqué par la persistance de la baisse drastique des recettes des matières premières notamment le pétrole, l'entrée en vigueur des APE avec la baisse significative des recettes douanières[69], les défis sécuritaires et leurs contraintes sur le budget, la fiscalité patrimoniale

[68] Sur la solidarité de paiement en matière fiscale, voir NTSIKOU METENDJOU (N-P), *La solidarité de paiement en matière fiscale*, *op.cit.*, p. 7.

[69] NZOYEM (B), *Exonérations et mobilisation des recettes douanières*, Mémoire de Master II fiscalité appliquée, ISMA, Douala, 2012, pp.33 et s.

semble désormais susciter de réels espoirs pour financer le budget de l'État. D'ailleurs, le Cameroun ne peut plus seulement compter sur les impôts provenant des activités économiques, industrielles et commerciales. L'étude de la responsabilité fiscale du notaire en matière immobilière et successorale intervenant dans ce contexte a un intérêt double notamment managérial (A) et théorique (B).

A- L'intérêt managérial

Au regard des enjeux, la fiscalité est devenue l'une des préoccupations générales, allant de l'État aux particuliers, en passant par le notaire. Ainsi l'État a besoin de renflouer ses caisses et redoubler de stratégies pour taxer les activités humaines dans leur plus grande diversité et subtilité[70]. Ces considérations appellent une plus grande vigilance de la part du notaire surtout dans ce contexte caractérisé par l'accélération de la lutte contre la fraude fiscale. Aujourd'hui plus qu'hier, il serait périlleux de réaliser une opération juridique sans apprécier ses implications fiscales[71]. L'étude permettra ainsi d'avoir une bonne lisibilité sur les obligations fiscales du notaire en matière immobilière et successorale. Cette lisibilité passe par la maitrise du dispositif fiscal applicable aux transactions immobilières et successorales. Elle passe enfin par la promotion des bonnes pratiques managériales et fiscales au sein de la profession notariale. Il est question pour la profession notariale de rompre avec des pratiques fiscales approximatives pour entrer dans l'ère de la modernité fiscale tout en refusant des montages frauduleux, source de risques fiscaux.

Sur un plan pratique, il s'agit de réaliser la revue des obligations fiscales des notaires, d'analyser les sanctions en cas d'inobservation de ces obligations et si possible gérer de manière préventive et curative la survenance des risques fiscaux.

La fiscalité n'est pas seulement une servitude pour l'économie[72], elle l'est aussi pour le notaire et sa clientèle. Le notaire doit donc intégrer la

---

[70] Voir ATANGA FONGUE (R), TOCKE (A), *Eléments de la fiscalité des affaires au Cameroun*, op.cit. p.12

[71] DEBAT(O), *Droit fiscal des affaires*, 4eme édition, LGDJ, Lextenso éditions, Paris, 2017, pp. 1 et s.

[72] LAURE (M), *La taxe sur la valeur ajoutée*, recueil, Sirey, 1952, p.5. Repris par ONANGA OPISSINA (V), *la problématique de l'application de la TVA dans l'espace OHADA*, Paris, l'Harmattan, 2016, p.14.

dimension sécurité fiscale[73] dans le déploiement de son activité ; afin de réduire au strict minimum les possibilités de recourir aux mécanismes d'enclenchement de sa responsabilité fiscale.

B- L'intérêt théorique

Le domaine de la responsabilité fiscale du notaire est insuffisamment exploré. Cet aspect souffre d'une carence de recherches spécialisées. Quelques travaux abordent la question de la responsabilité fiscale du notaire de manière furtive en se limitant à des généralités. D'autres études[74] s'intéressent uniquement à la responsabilité civile, disciplinaire et pénale du notaire oubliant curieusement la responsabilité fiscale. Quelques études camerounaises font référence à la responsabilité du contribuable[75] ou du chef d'entreprise[76] sans spécifier le notaire.

Cette recherche vise à combler un peu ce vide, notamment à susciter la réflexion dans ce secteur et contribuer à relancer le débat sur la spécificité de la responsabilité fiscale des notaires en général et principalement, dans le domaine des transactions immobilières et successorales. Une question d'ailleurs, de plus en plus, à l'ordre du jour.

Cet aspect étant élucidé, il reste à présent d'indiquer la démarche à suivre pour dénouer la problématique ci-dessus.

VI- LE CADRE MÉTHODOLOGIQUE

Dans le but de cerner davantage la responsabilité fiscale du notaire, l'on devrait recourir à des exigences ou à des référents méthodologiques. La méthode est nécessaire pour tout travail scientifique. Elle renvoie à l'ensemble des opérations par lesquelles une discipline cherche à atteindre des vérités qu'elle poursuit, les démontre et les vérifie. Aussi, le Professeur KAMTO ajoute que *« la méthode*

---

[73] Par sécurité fiscale, nous entendons un ensemble de principes et règles aisément identifiables qui permettent aux contribuables de déterminer avec exactitude leurs obligations fiscales, ainsi que le montant des impositions qui sont à leur charge.

[74] POULPIQUET (J), *Responsabilité des notaires, civile. Disciplinaire. Pénale*, Editions Dalloz, Paris, 2003, 429 p.

[75] WENDEN KAMDOM (E), *La responsabilité du contribuable en droit fiscal camerounais*, Master II, Fiscalité appliquée, Université de Douala, 2008/2009, p. 17.

[76] BIKAI (A), *La responsabilité du chef d'entreprise en matière fiscale au Cameroun*, Master II, Fiscalité appliquée, Université de Douala, 2008-2009, 83 p.

éclaire les hypothèses et détermine les conclusions »[77]. La méthode est selon AKTOUF OUMAR[78] *« la procédure logique de toute science »*

Dans la mesure où une grande partie de l'étude est abordée sous l'angle juridique, l'on fera recours à la méthode analytique, qui consiste à aller du droit au fait et du fait au droit, à *« ouvrir les textes comme on ouvre une noix, et les décortiquer »*[79]. La méthode analytique pour le juriste consiste en l'exégèse des textes de droit. L'on procédera donc à l'analyse des textes juridiques, en priorité, les lois fiscales, les textes en rapport avec la fiscalité des transactions immobilières et la fiscalité des successions. En d'autres termes, nous analysons des textes et autres afférents à la responsabilité fiscale du notaire notamment, le Code Général des Impôts[80] et diverses Lois de Finances d'application, le Code Civil, le Code Pénal, le Code de Déontologie des Notaires, le Statut des Notaires, le Règlement Intérieur de la Chambre Nationale des Notaires et autres textes. Ces textes seront étudiés jusqu'au moindre détail afin d'en déduire l'esprit du législateur[81].

L'approche juridique sied mieux à la présente étude, car elle permet d'explorer les textes juridiques en la matière (dogmatique), de les démontrer (casuistique), et de procéder enfin à une vérification au besoin comparative[82].

Il sera également important de recourir à la méthode sociologique. Elle est un ensemble des procédés intellectuels par lesquels s'élabore la démarche sociologique.

En sociologie, il existe deux types de méthodes, les méthodes quantitatives constituées des enquêtes, des sondages, l'usage des statistiques, et celles qualitatives qui concernent les entretiens,

---

[77] ATANGA FONGUE (R), *Contrôle fiscal et protection du contribuable dans un contexte d'ajustement structurel le cas du Cameroun, op.cit.* p.2.

[78] AKTOUF OUMAR, cité par BEGNI BAGAGNA et repris par NZOUANGO LUCIE, *La contribution de la fiscalité immobilière dans le financement du budget de l'Etat au Cameroun*, Mémoire de Master II, Université de Douala, 2013-2014, p8.

[79] ATANGA FONGUE (R), *op.cit.*, p. 25.

[80] La loi N° 2002/2003 du 19 avril 2002 a réuni dans un seul ouvrage, par des articles qui se suivent, le Code Général des Impôts, le Code de l'Enregistrement du timbre et de la curatelle et le Livre des Procédures Fiscales.

[81] MBEBI (C), *Le rôle du notaire dans la protection du patrimoine des personnes vulnérables, op. cit* p.20.

[82] SOBZE (S-F), *La dignité humaine dans l'ordre juridique africain*, Thèse doctorat, Université de Yaoundé II, 2013, p.34

l'observation participante. À travers cette méthode, l'on pourra s'interroger sur l'effectivité de la responsabilité fiscale dans le contexte camerounais. N'existe-t-il pas des pesanteurs, des contraintes sociologiques à la mise en œuvre de la responsabilité fiscale du notaire au Cameroun ? Aussi, quelques facteurs militent-ils en faveur de l'ineffectivité de la responsabilité fiscale du notaire. L'on peut citer entre autres, la corruption[83], la tolérance fiscale des pratiques dommageables[84], le défaut d'informations suffisantes susceptibles d'orienter le contrôle fiscal des notaires et bien d'autres obstacles de fait qui empêchent la mise en œuvre des sanctions[85].

Parce que l'éclairage des hypothèses et la détermination des conclusions sont fonction de la méthode[86], dans le cadre de cette étude, l'on combinera les deux méthodes en insistant davantage sur la pratique fiscale de la profession notariale en matière immobilière et successorale. En définitive, l'approche méthodologique sera interdisciplinaire, voire syncrétique. Des emprunts seront opérés dans plusieurs autres branches, le droit fiscal étant d'ailleurs au carrefour de plusieurs disciplines.

Il reste à préciser la voie que suivra notre démonstration.

VII- LE PLAN DE RECHERCHE

Dans un environnement fiscal instable[87], difficile d'appréhension eu égard à l'interprétation des textes fiscaux faite par l'administration fiscale et le juge de l'impôt, l'on peut au demeurant, s'interroger sur la responsabilité du notaire en matière immobilière et successorale. Cette interrogation devient plus pressante dans un contexte d'incivisme

---

[83]ALAKA ALAKA (P), *La gouvernance fiscale*, Edition Edilivre, Paris, 2009, p. 99; Manuel OCDE de sensibilisation à la corruption à l'intention des Contrôleurs des Impôts, Paris, Ed, de l'OCDE, 2009, p.2 et s.

[84]AYANGMA AYANGMA (J), *La pratique du contrôle fiscal des prix de transfert dans l'espace CEMAC : le cas du Cameroun*, L'Harmattan, Paris, 2015, p.112.

[85] Idem.

[86] FOTSING (J.B), *Le pouvoir fiscal en Afrique, essai sur la légitimité fiscale dans les Etats d'Afrique francophone noire*, LGDJ, Paris, 1995, p.14.

[87]Le système fiscal camerounais manque en effet de clarté et perd en lisibilité de par la multiplicité, la superposition et l'instabilité des règles applicables et les dispositifs existants.

fiscal[88], à en juger l'engouement des contribuables pour la fraude à l'assiette, à la tendance généralisée à la sous-évaluation des immeubles lors des cessions ou de leur actif successoral, à des montages d'ingénieries patrimoniales et d'optimisation fiscale.

Le notaire est connu pour sa capacité à avoir une vision globale d'ensemble des situations qui sont soumises, permettant ainsi d'appréhender les problématiques fiscales les plus diverses. Désormais, l'intérêt accordé à la fiscalité patrimoniale a amené le législateur à organiser et aménager la responsabilité fiscale du notaire en matière immobilière et successorale. Cet aménagement se traduit par une consécration textuelle des obligations fiscales du notaire **(PREMIÈRE PARTIE),** et une application des sanctions fiscales dissuasives et punitives en cas d'inobservation de celles-ci **(SECONDE PARTIE).**

---

[88]DULIN (A), *Les mécanismes d'évitement fiscal, leurs impacts sur le consentement à l'impôt et la cohésion sociale*, Paris, CESE, 2016, p. 36.

PREMIÈRE PARTIE :

LA CONSÉCRATION TEXTUELLE DES OBLIGATIONS FISCALES DU NOTAIRE AU CAMEROUN

La maîtrise des obligations fiscales du notaire permet de déceler les comportements délictueux de ce dernier en rapport avec le droit fiscal. La responsabilité en matière fiscale ne peut être engagée que par l'inobservation d'une obligation fiscale, établie à l'issue d'un contrôle fiscal.

De la lecture des différentes dispositions organisant l'imposition au Cameroun[89], il ressort que deux grands groupes de redevables se côtoient : d'une part, les contribuables directement redevables de l'impôt dû à savoir les redevables réels et d'autre part, les redevables légaux qui retiennent des impôts sans être de véritables redevables, simplement par le fait de la loi. Celle-ci leur demande de retenir et de reverser ces impôts dans les caisses de l'État lors des transactions avec les véritables assujettis. Le notaire se retrouve dans cette seconde catégorie surtout en matière immobilière et successorale.

Les transactions immobilières et successorales au Cameroun représentent un élément important de la vie économique et financière du pays au regard des recettes fiscales qu'elles génèrent[90]. Ces opérations[91] donnent lieu au prélèvement de divers impôts. Le notaire, acteur central de ces transactions en a la charge dans le contexte camerounais. Il en résulte des obligations fiscales particulièrement lourdes ayant pour corollaire la responsabilité notariale dont le prélèvement des divers impôts relatifs aux différentes transactions en est le pivot.

Dès lors, à côté de la mission traditionnelle du service public de la preuve (l'authenticité-date certaine, force probante et exécutoire), et dans le prolongement de sa fonction de sécurité des contrats et relations d'affaires, figure en bon rang, l'obligation de prélever les différents impôts relatifs aux différentes transactions, sinon l'obligation première du notaire en matière fiscale.

Il existe un pan de recettes fiscales constitué par la fiscalité patrimoniale. Une attention doit être mise par les pouvoirs publics pour surveiller ce secteur. Le législateur camerounais a organisé la

[89] Notamment le CGI et les différents textes d'application.

[90] D'après Moise EKWALLA, dans *Traité des droits d'enregistrement, du timbre et de la curatelle : Le cas de la République du Cameroun,* l'enregistrement joue un rôle considérable et rapporte près de 45 milliards de francs CFA au Trésor public camerounais, p.7.

[91] Voir le Décret n° 95/034 du 28 février 1995 fixant le tarif des actes notariés

responsabilité fiscale du notaire à travers divers textes. Parmi ces textes, l'on recense le Code Général des Impôts et différentes Lois de Finances. Ces textes définissent les contours de la responsabilité fiscale du notaire à travers l'étendue de ses obligations fiscales en matière immobilière et successorale.

Il est question pour nous ici de déterminer les obligations imposées au notaire en tant que maillon indispensable dans la perception des droits fiscaux notamment dans le domaine immobilier (chapitre 1) et en matière successorale (chapitre 2).

CHAPITRE I :

LES OBLIGATIONS DE PERCEPTION DES IMPOTS DÉCOULANT DES TRANSACTIONS IMMOBILIÈRES

De plus en plus, les transactions immobilières sont devenues progressivement un enjeu aussi bien pour les agents économiques qui en bénéficient pour constituer de véritables patrimoines immobiliers que pour le fisc qui désormais les guette moyennant un arsenal juridique hétérogène et variable afin de tirer légitimement sa part. La fiscalisation des transactions immobilières permet à l'État de financer la mise en place et le fonctionnement de ses innombrables services et ouvrages publics, mais aussi pour promouvoir l'investissement. La fiscalité immobilière occupe une place importante et irréversiblement grandissante dans le système fiscal camerounais[92]. Ainsi, la fiscalisation des transactions immobilières oblige d'être assez prudent, car, elle peut soit décourager les transactions, soit encourager la fraude à travers la tentation de la dissimulation.

Sur le plan juridique, les cessions de propriété immobilière donnent lieu à la rédaction d'un acte notarié. Sur le plan fiscal notamment dans le cadre des transactions immobilières, le notaire a l'obligation de percevoir et de reverser dans les délais au trésor public une panoplie d'impôts retracés par le Code Général des Impôts et différents textes de loi. Ainsi, à travers ces textes l'on recense en principal, les droits d'enregistrement (droit de mutation) ou la TVA immobilière (section1) et les autres impositions (section 2).

Section I : Les obligations déclaratives et de paiement des droits d'enregistrement ou de la TVA immobilière

En matière de transactions immobilières, les prélèvements fiscaux sont fonction du statut des cédants. Ainsi l'on parlera de droit

[92] ESSENGUE (M. M.), *La problématique de la fiscalité immobilière au Cameroun*, Mémoire de Master II, Université de Douala, 2013, p. 1.

d'enregistrement pour les non professionnels (paragraphe1) et de TVA immobilière pour les professionnels immobiliers[93] (paragraphe2).

Paragraphe I : Les contours de l'obligation de collecte et de reversement dans les délais des droits d'enregistrement

Les cessions immobilières contribuent de façon non négligeable au budget de l'État[94]. Qu'il s'agisse de vente, de donation ou d'échange d'immeubles[95], l'État reste regardant du sort fiscal de ces opérations. Ainsi, dans la typologie des impositions qui grèvent les cessions immobilières et que le notaire se doit de collecter et reverser dans les caisses de l'État, figure en bonne place le droit d'enregistrement[96]. Tel est d'ailleurs le sens des articles 341 et 543 du Code Général des Impôts. Conformément à ces articles, les mutations immobilières, quelle que soit leur nature sont obligatoirement soumises à la formalité d'enregistrement. Le notaire entretient ainsi des relations permanentes avec l'administration fiscale notamment, en ce qui concerne la procédure d'enregistrement des actes qu'il a reçus. Il est en effet constitué redevable légal des droits et taxes dus sur les transactions immobilières.

Les droits d'enregistrement au sens propre du terme sont une inscription sur un registre, il s'agit d'une formalité administrative à l'occasion de laquelle l'administration va percevoir un impôt appelé

---

[93] ONANGA OPISSINA (V), *Problématique de l'application de la TVA dans l'espace OHADA*, L'Harmattan, Paris, 2016, p.5 ; IREH ASSIM (Th.), *La TVA en Afrique centrale*, Paris, L'Harmattan.2012, pp. 4 et s ; GARCON (J-P.), *La TVA appliquée à l'immobilier*, 2è édition, Paris, Défrénois, Lextenso éditions, 2013, pp. 3 ; MANI MBELLE (E- M), *Enjeux de la télé déclaration des impôts et taxes au Cameroun,* Mémoire de Master II, Université de Douala, année 2013/2014, p. 6.

[94] NZOUANGO (L), *La contribution de la fiscalité immobilière dans le financement du budget de l'État au Cameroun,* Mémoire de Master II, Fiscalité Appliquée, Université de Douala, 2013-2014, p. 11 ; EKOTTO NDAME (C-N), *L'imposition des cessions immobilières au Cameroun*, Mémoire de Master II, Fiscalité Appliquée, Université de Douala, 2003-2004, p.14 ESSENGUE (M. M.), *La problématique de la fiscalité immobilière au Cameroun*, Mémoire de Master II, Université de Douala, 2013, pp. 3 et s.

[95] Au sens de l'article 1 du décret n° 79/017 du 13 janvier 1979 relatif aux transactions immobilières privées.

[96] EKOTTO NDAME (C-N), *op.cit.,* p.14 ; ESSENGUE (M. M.), *La problématique de la fiscalité immobilière au Cameroun,* op. cit., p. 25.

communément droit d'enregistrement[97]. Concrètement, le paiement de ces droits d'enregistrement va garantir au contribuable la publicité des opérations de nature à prouver qu'il est le propriétaire du bien considéré[98]. En outre, l'enregistrement comme acte et comme impôt est également utile pour les parties prenantes, car il donne une date certaine[99], également la force probante à l'acte tout en permettant de le surveiller[100].

Dans le contexte camerounais, l'enregistrement des transactions immobilières a connu une réforme visant à corriger des insuffisances observées et poursuivant de nombreux objectifs notamment, la réduction des délais d'enregistrement à 48 heures, la simplification des procédures à travers le recours aux télé-procédures[101], la rationalisation des méthodes de travail de l'administration fiscale, l'amélioration du rendement et la sécurisation des recettes fiscales et enfin la réduction des contacts avec les usagers.

La nouvelle procédure d'enregistrement des mutations immobilières[102] obéit à des étapes suivantes :

- la déclaration en ligne par le site web de la DGI de la mutation permettant une liquidation automatique des droits à payer et l'édition de l'avis d'imposition ;
- le virement des droits dus au profit du receveur des impôts donnant lieu à la délivrance par la banque d'une attestation de virement ;
- le dépôt à l'accueil du centre des impôts de rattachement de l'acte physique accompagné des annexes, de l'attestation de virement et de l'avis d'imposition ;

---

[97] NKAKE EKONGOLO (D-B), *Cours de Fiscalité immobilière*, Université de Douala, 2016-2017, p18, inédit.

[98] NKAKE EKONGOLO (D-B), *op.cit.*, p.18

[99] Code civil art.1328

[100] NZAKOU (A), *Droit fiscal et douanier appliqué,* Imprimerie St Paul de Yaoundé, Tome I, 1ere édition, novembre 2011, p.215.

[101] MANI MBELLE (E- M), *Enjeux de la télé déclaration des impôts et taxes au Cameroun*, *op. cit.,* p. 23.

[102] Séminaire de formation des notaires sur la réforme et la modernisation de l'enregistrement des mutations immobilières et leurs obligations, DGI, Douala, 10 mars 2016 ; TEDONGMO PETSETEYE (C.), *L'imposition des mutations à titre gratuit*, DESS, Option Fiscalité Appliquée, Université de Douala, 2004-2005, p. 6.

- la délivrance instantanée de la quittance de paiement et l'octroi de la formalité d'enregistrement dans un délai de 48 heures ;
- le retrait de l'acte.

Malgré les critiques sur les droits d'enregistrement (notamment, frein à la mobilité des biens et à l'adaptation des structures juridiques, son poids excessif)[103], le notaire doit cerner les contours de l'obligation de prélèvement des droits d'enregistrement à travers la maitrise du domaine d'application et des faits générateurs (A), la base d'imposition (B) et les taux des droits d'enregistrement (C).

A- La maîtrise du domaine d'application et des faits générateurs des droits d'enregistrement : actes ou opérations imposables

En matière immobilière, les opérations donnant lieu au prélèvement des droits d'enregistrement sont entre autres, les cessions à titre onéreux (1) et les cessions gratuites (2).

1. Les cessions à titre onéreux : cas de la vente d'immeuble

La vente d'immeuble est l'acte notarié par lequel le propriétaire au sens de l'article 544 du Code Civil cède son droit à un tiers en contrepartie du paiement d'une somme d'argent que les parties auraient convenu, ainsi que sur les modalités de paiement[104]. Les ventes immobilières s'effectuent à travers deux procédés à savoir :

Le morcellement ou la mutation partielle ; c'est la procédure qui consiste à céder en partie les droits que l'on détient sur une parcelle d'un lot de terre approuvé. Dans ce cas, il est délivré un titre foncier au nouvel acquéreur sur la partie de l'immeuble cédé.

La mutation totale de propriété, c'est la procédure qui consiste à céder en totalité, les droits que l'on détient sur une propriété immobilière. La conséquence ici consiste en l'inscription de la mutation du titre cédé au nom du nouvel acquéreur.

Au sens du décret de 1979, le notaire est au centre des ventes d'immeubles entre particuliers. Cette vente donne naissance à l'établissement d'un acte notarié qui doit être formalisé par les soins du

---

[103] NZAKOU (A), *Droit fiscal et douanier appliqué, op. cit.*, p. 216.

[104] DASSIE NGUEUMOU DATCHOUA, *La fiscalité des transactions immobilières au Cameroun*, Mémoire de Master II, Université de Douala, 2013-2014, p. 24.

notaire. En l'espèce, le fait générateur en matière des droits d'enregistrement est l'intention manifeste des parties de conclure un contrat de vente. Ainsi, dès lors que le contrat de vente est devenu définitif par l'accord des parties à travers la signature, le délai imparti au notaire pour acquitter les droits d'enregistrement commence à courir.

En conclusion, lorsqu'il y a vente d'immeuble effectuée par les non professionnels de l'immobilier, le notaire se doit de prélever les droits d'enregistrement. Il en va ainsi des cessions gratuites.

2. Les cessions gratuites : cas des donations entre vifs

Outre les ventes d'immeubles bâtis ou non, les cessions gratuites telles que les donations, donnent lieu au prélèvement des droits d'enregistrement par le notaire. C'est donc une opération à incidence fiscale. Les cessions gratuites sont des mutations qui impliquent une volonté de libéralités et qui en principe ne comportent aucune contrepartie de la part de celui qui en bénéficie[105]. L'exemple type de cette donation, est la donation entre vifs. L'acte de donation peut avoir pour objet un immeuble bâti ou non. Il importe de voir les conditions de validité de la donation qui sont entre autres la gratuité de la donation (a) et l'irrévocabilité (b).

a) La gratuité de la donation

Les donations illustrent à merveille les cessions gratuites les plus pratiquées. Ce sont des actes par lesquels le donateur transmet actuellement et irrévocablement l'immeuble en faveur du donataire. Il s'agit là d'une convention qui suppose un accord de volonté. Contrat à titre gratuit, ce caractère est celui qui sera pris en compte par l'administration au moment du paiement des droits. Le notaire se doit de vérifier la manifestation de la libre intention du donateur. L'intention libérale « *animus donandi* »[106] doit être ce qui motive le donateur qui se dépouille d'une chose et la transmettre au donataire sans qu'il ait l'intérêt personnel d'obtenir de l'autre partie un avantage quelconque. La simple recherche d'un intérêt moral est exclusive de l'intention libérale.

---

[105] TEDONGMO PETSETEYE (C), *L'imposition des mutations à titre gratuit, op. cit.*, p.2.

[106] État d'esprit de quelqu'un qui veut faire une libéralité.

b) L'irrévocabilité de la donation

Il est de principe en matière de donation que la transmission de la propriété du bien donné, en plus de ne donner droit à aucune contrepartie au profit du donateur, est une procédure qui se veut définitive.

Le notaire doit vérifier que toutes les conditions soient réunies, notamment la transmission de valeur (l'immeuble transmis doit avoir une valeur patrimoniale), l'inexistence d'une contrepartie, le lien de causalité entre l'appauvrissement du donateur et l'enrichissement du donataire. Ces précautions sont nécessaires au risque de tomber sous le coup de l'abus de droit fiscal dans le cas d'une vente déguisée en donation.

Une fois l'acte de donation conclu, le notaire se doit d'assumer ses obligations auprès du fisc à savoir le paiement des droits d'enregistrement après détermination de la base imposable.

B- La base d'imposition au droit d'enregistrement des opérations immobilières effectuées par les non professionnels

La base d'imposition est le montant auquel l'on appliquera le taux d'impôt ou les taux des droits, c'est-à-dire ce sur quoi le tarif va s'appliquer[107]. Sa détermination commande de procéder à son évaluation. À ce titre, en matière de droit d'enregistrement, trois modes d'évaluation peuvent être retenus à savoir : le montant du prix déclaré par les parties (1) l'évaluation administrative (2), et l'évaluation par voie d'Expert (3).

1. Le montant du prix déclaré par les parties

Les droits d'enregistrement sont assis sur les valeurs contenues dans l'acte ou le contrat. Ainsi pour les ventes d'immeubles, la valeur servant d'assiette à l'impôt est déterminée par le prix exprimé dans l'acte augmenté des charges et indemnités au profit du cédant… »[108]. En matière de donation entre vifs à titre gratuit, le droit est liquidé d'après une estimation par les parties et insérée à l'acte »[109]. Cette procédure

---

[107] LAMARQUE (J), NEGRIN (O), AYRAULT (L), *Droit fiscal général*, 2e édition, Lexis Nexis, Paris, p. 585.
[108] Art.295, CGI
[109] Art.297, CGI

d'évaluation repose sur le système déclaratif en cours au Cameroun. Mais si ce système n'assure pas l'exhaustivité de l'assiette des impôts, l'administration fiscale s'est aménagé une méthode dite d'évaluation administrative.

2. L'évaluation administrative

L'évaluation administrative s'applique en cas de minoration de la valeur vénale déclarée par les parties. Cette évaluation administrative tient compte de certains paramètres dont les plus importants sont, les classes de quartiers par types de villes, les types de quartiers par zone suivant le niveau d'infrastructures et services urbains, les types de construction, les coefficients de pondération pour vétusté ou d'accessibilité. La combinaison de ces différents éléments est contenue dans le décret fixant les modalités d'évaluation des immeubles en matière fiscale[110].

3. L'évaluation à dire d'expert

Cette option peut être engagée par la partie la plus diligente si le prix ou l'estimation ayant servi de base à la perception des droits d'enregistrement parait inférieur à la valeur vénale. Lorsqu'aucun accord sur l'estimation de l'immeuble ne s'est fait, la demande en expertise est faite par une simple demande au tribunal dans le ressort duquel les biens sont situés ou immatriculés. La procédure d'évaluation par voie d'expert relève de la procédure contentieuse prévue par le Livre des Procédures Fiscales du CGI en ses articles L134 et suivants.

C- La maîtrise des taux des droits d'enregistrement par le notaire

Les taux doivent correspondre aux différentes opérations recensées en matière de transactions immobilières à savoir : les taux en matière de vente d'immeuble (1) les taux en matière de cession gratuite entre vifs (2) et les taux en matière d'échange d'immeubles (3).

1. Les taux en matière de vente d'immeubles

En matière d'application des taux, l'on distingue les ventes d'immeubles urbains bâtis et ruraux et les ventes d'immeubles non bâtis urbains et ruraux. Leur tarif d'enregistrement varie selon qu'on est en

---

[110] Décret n° 2014-1881-PM du 04 juillet 2014 fixant les modalités d'évaluation administrative des immeubles en matière fiscale.

zone urbaine ou rurale, selon qu'on est en présence d'un immeuble bâti ou non bâti, qu'on soit en présence d'une zone encadrée ou non par une mercuriale administrative.

Depuis le premier janvier 2017[111], les taux préférentiels ci-après sont appliqués au titre de droits d'enregistrement des immeubles relevant des zones encadrées par une mercuriale administrative.

10 % pour les immeubles urbains bâtis ;

5 % pour les immeubles urbains non bâtis et les ruraux bâtis ;

2 % pour les immeubles ruraux non bâtis ;

Lorsque les immeubles sont situés dans une zone non encadrée par une mercuriale administrative, les taux demeurent fixés à :

15 % pour les immeubles urbains bâtis ;

10 % pour les immeubles urbains non bâtis et les ruraux bâtis ;

5 % pour les immeubles ruraux non bâtis.

2. Les taux en matière de cession gratuite : cas des donations entre vifs

Au terme de l'article 544-B-C, les mutations entre vifs, à titre gratuit, sont perçues comme suit :

5 % en ligne directe descendante ou ascendante et entre époux ;

10 % entre ligne collatérale, entre frères et sœurs ;

20 % entre parents au-delà du deuxième degré et entre non parents.

3. Le taux en matière d'échange et de sortie d'indivision

L'échange est un contrat par lequel les parties se donnent respectivement une chose pour une autre. Dans l'échange, les objets échangés n'ont pas forcément la même valeur, la partie qui donne l'objet ayant le plus de valeur, exigera de l'autre partie une compensation en argent correspondant à la différence. Cette somme est appelée « soulte ». La soulte subit un droit proportionnel tel que prévu par l'article 340 alinéa 6 du CGI. Son taux est de 15 %.

---

[111] Circulaire n°001/MINFI/DGI/LRI/L du 12 janvier 2017 précisant les modalités d'application des dispositions fiscales de la loi n° 2016/018 du 14 décembre 2016 portant loi de finances de la République du Cameroun pour l'exercice 2017.

Concernant la sortie d'indivision d'un immeuble non bâti, interrogé sur le régime fiscal, le Directeur Général des Impôts a précisé que conformément aux dispositions des articles 290, 344, et 543-c-du CGI, ladite opération s'assimile à un partage et, est soumise à un droit proportionnel au taux super réduit de 1 % applicable sur la valeur vénale de l'immeuble[112].

La perception des droits d'enregistrement dans le cadre des transactions immobilières privées (vente, cession gratuite, échange) incombe au notaire. Ce dernier doit veiller au respect scrupuleux de ses obligations fiscales en la matière. Il doit aussi maîtriser tous les actes donnant lieu à un enregistrement gratis notamment les actes et jugements portant mutation de propriété d'immeuble et droits immobiliers au profit des établissements de crédit et de microfinance[113].

En effet, le législateur à travers la loi de finances pour l'exercice 2010 a décidé de soumettre à l'enregistrement gratis les mutations immobilières au profit des établissements de crédit et de microfinance, sans application du droit de timbre gradué. Par établissement de crédit, il faut retenir la définition de la Convention du 17 janvier 1992 portant harmonisation de la réglementation bancaire dans les États de l'Afrique centrale. D'après cette convention, les établissements de crédit sont des organismes qui effectuent à titre habituel des opérations de banque. Celles-ci comprennent la réception de fonds du public, l'octroi de crédits, la délivrance de garanties en faveur d'autres établissements de crédit, la mise à disposition de la clientèle et la gestion de moyens de paiement. Il s'agit donc des banques et des établissements financiers.

Par établissement de microfinance, il faut entendre, conformément au règlement de la CEMAC relatif aux conditions d'exercice et de contrôle de l'activité de microfinance, des entités agréées n'ayant pas le statut de banque ou d'établissement financier, et qui pratiquent, à titre habituel, des Opérations de crédit ou de collecte de l'épargne et offrent des services financiers spécifiques au profit des populations évoluant pour l'essentiel en marge du circuit bancaire traditionnel.

Toutefois, le bénéfice de l'enregistrement gratis est subordonné à deux conditions : que l'engagement de revendre l'immeuble soit pris

---

[112] MINFI, *Recueil de doctrine administrative fiscale*, MINFI, DGI, 2010, p.66.
[113] Article 546 du Code Général des Impôts.

par la banque dans l'acte d'adjudication ou dans un acte séparé ; que la revente effective intervient dans un délai de cinq (05) ans[114].

Le contrôle fiscal peut porter sur la qualification de l'acte (vente ou donation), sur les bases d'imposition et les taux applicables. Le notaire se doit de maitriser les contours de ces notions en matière d'enregistrement. À défaut des droits d'enregistrement, le notaire doit prélever la TVA lorsqu'il s'agit des transactions immobilières faites par les professionnels de l'immobilier.

Paragraphe II : Les contours de l'obligation de perception et de reversement dans les délais de la TVA immobilière

Les opérations immobilières effectuées par les professionnels de l'immobilier donnent lieu au prélèvement non pas des droits d'enregistrement, mais de la TVA immobilière. Une application inappropriée des règles de fonctionnement de cet impôt peut avoir des conséquences fâcheuses pour les assujettis[115]. Ainsi, pour le notaire, il est important de maitriser la notion de professionnel de l'immobilier A) et ensuite de maitriser les modalités de perception de la TVA (B).

A- Les précisions sur la notion de professionnel de l'immobilier

À la confusion de départ (1), l'évolution a laissé la place à la clarification du CGI (2).

1. La confusion de départ

Les difficultés d'interprétation du régime fiscal des cessions immobilières effectuées par les professionnels sont relatives à l'absence d'une définition précise de la notion de professionnel de l'immobilier et des tergiversations mêmes du législateur ou de l'administration fiscale qui les désignent tantôt sous le vocable de « *professionnel de l'immobilier* » tantôt par celui de « *promoteur immobilier* »[116].

Ainsi, à une certaine époque, la notion de professionnel de l'immobilier était limitative dans la mesure où la circulaire

---

114 Idem.

115 ONANGA OPISSINA (V), *Problématique de l'application de la TVA dans l'espace OHADA*, *op. cit.*, p.15.

116 EKOTTO NDAME (C-N), L'imposition des cessions immobilières au Cameroun, *op. cit.*, p. 14.

n° 009/MINEFI/DI/ du 20 juillet 1995 disposait « *qu'en attendant la promulgation et l'application de la loi régissant la profession de promoteur immobilier, les services retiendront dans cette catégorie seulement les promoteurs institutionnels existants : la MAETUR, LA SIC, LA MAGZI.* » Il en découle tout de même que les notions de promoteurs et professionnels de l'immobilier sont indifféremment utilisées.

2. Les clarifications de l'article 127 alinéa 5 du CGI et la consécration de la notion plus globale

À travers cet article, le législateur a voulu aller au-delà de la notion de promoteur institutionnel de l'immobilier au profit de celle de professionnel de l'immobilier. Ainsi sont considérés comme professionnels de l'immobilier :

- Les promoteurs institutionnels[117] ;
- Les personnes agréées à la profession de promoteur immobilier dans les conditions fixées par la législation en vigueur ;
- Les personnes qui se livrent habituellement à des opérations d'intermédiation pour l'achat ou la vente d'immeubles ou de fonds de commerce, d'actions ou parts de sociétés immobilières ;
- Les personnes qui procèdent habituellement à l'achat en leur nom, d'immeubles ou de fonds de commerce, d'actions ou parts de sociétés immobilières, en vue de la revente ;
- Les personnes qui se livrent habituellement au lotissement et à la vente, après exécution des travaux d'aménagement et de viabilité de terrains acquis à titre onéreux ;
- Les personnes qui se livrent habituellement à la mise en location des établissements commerciaux ou industriels munis de mobilier et du matériel nécessaires à leur exploitation, que la location comprenne ou non tout ou partie des éléments incorporels du fonds de commerce ou d'industrie ;
- Les personnes qui louent ou sous-louent, en meublé, des locaux à usage d'habitation leur appartenant ou qu'elles exploitent.

Ainsi, lorsqu'une personne est qualifiée de professionnel de l'immobilier, la cession immobilière est soumise à la TVA. Les parties

---

[117] MINFI, *Recueil de doctrine administrative et fiscale,* 2010, MINFI, DGD, Yaoundé, p.66

peuvent néanmoins soumettre volontairement le contrat à la formalité de l'enregistrement. Dans ce cas, il n'est perçu aucun droit en application des dispositions de l'article 546 alinéa 3 du CGI. L'acte étant enregistré gratis[118].

B- Les modalités de perception de la TVA immobilière

La TVA est instituée au Cameroun par la loi n° 98/009 du 1er juillet 1998 portant loi de finances pour l'exercice 1998/1999 en son article 8e. Elle est une taxe d'essence communautaire mise en place par la directive n° 1/99/CEMAC-028-CM-03 du 17 décembre 1999.

Le notaire en tant que redevable légal de la TVA en matière de mutation immobilière doit maitriser le fait générateur et l'exigibilité (1), la base d'imposition (2), le taux et les modalités de paiement (3).

1. Le fait générateur et l'exigibilité de la TVA en matière immobilière

Le fait générateur se définit comme l'événement par lequel sont réalisées les conditions légales nécessaires pour l'exigibilité de la taxe. En d'autres termes, c'est l'événement qui donne naissance à la créance fiscale du trésor public à l'égard de l'assujetti[119].

L'exigibilité de la taxe est définie comme le droit que l'administration peut faire valoir à un moment donné auprès du redevable pour obtenir le paiement de la taxe[120].

En principe, le fait générateur et l'exigibilité de la taxe interviennent au même moment, cependant, ce principe supporte un certain nombre de dérogations.

En matière de mutations de propriété d'immeuble, le fait générateur et l'exigibilité interviennent à la date de mutation ou du transfert de propriété.

2. La base d'imposition des mutations immobilières à la TVA

La base d'imposition à la TVA est constituée du prix de l'immeuble cédé. Ce prix est librement déclaré par les parties, car le système

---

[118] MINFI, *Recueil de doctrine administrative fiscale*, à jour au 1er janvier 2010, MINFI, DGI, p.61. Il est évoqué le principe de non-cumul de la TVA et des droits d'enregistrement.

[119] MINFI, *Précis de fiscalité camerounaise,* MINFI, DGI, 2010, p. 37.

[120] Ibid. p. 37.

camerounais est déclaratif. Cela suppose que le contribuable de son propre chef souscrive sa déclaration dans les délais et sans pression aucune, la présente à l'administration fiscale pour émission et liquidation des impôts. Cette manière de procéder fait appel non seulement à la bonne foi du contribuable, mais aussi à son sens élevé de patriotisme. Cependant en matière immobilière, le notaire au risque d'être sanctionné pour minoration de valeur, a l'obligation de recourir à l'évaluation administrative lorsque la valeur déclarée par les parties est inférieure à la valeur mercuriale. Ainsi les mercuriales des valeurs administratives des immeubles sont déterminées par département et constituent la base des transactions immobilières. En cas de contestation de ces valeurs, les parties peuvent recourir à la procédure d'évaluation par voie d'expert. Une fois la base déterminée, il faut appliquer le taux de TVA.

3. Le taux et paiement de la TVA immobilière

Le taux général est de 17.5 % auquel il faut ajouter 1.75 % au titre des centimes additionnels communaux. Son taux effectif est de 19.25 %. Ce taux est appliqué à la base imposable en vue de déterminer le montant de l'impôt. Le notaire doit donc prélever cet impôt et le reverser dans les caisses de l'État.

Comme on le voit, les mutations immobilières[121] sont obligatoirement soumises à la formalité d'enregistrement. L'octroi de cette formalité donne lieu à la perception des droits d'enregistrement ou de la TVA immobilière lorsque cette mutation est faite par un professionnel de l'immobilier. Ainsi, en vertu du principe de non cumul de la TVA et des droits d'enregistrement, les mutations ayant supporté la TVA doivent être enregistrées gratis en application des dispositions de l'article 546 du Code Général des Impôts. La liquidation des droits est faite sur la valeur de la transaction librement déclarée par l'acquéreur. Toutefois, lorsque celle-ci est inférieure à la valeur vénale réelle, l'administration fiscale procède à la réévaluation administrative ; tout comme elle exige le paiement des autres impôts liés aux mutations immobilières.

---

[121] EKWALLA (M), *Traité des droits d'enregistrement, du timbre et de la curatelle, le cas de la République du Cameroun*, *op.cit.*, p.9. Pour cet auteur, le domaine de prédilection des droits d'enregistrement est celui des mutations. À cet effet, l'on distingue les mutations à titre onéreux (vente d'immeuble et de fonds de commerce…) et les mutations à titre gratuit (donations et successions...)

Section II : Les obligations déclaratives et de paiement dans les délais d'autres impôts liés aux mutations immobilières

La place extrêmement importante des transactions immobilières privées dans le système fiscal camerounais se fait également sentir à travers la multitude des impôts et taxes qui grèvent ces opérations. Outre les droits d'enregistrement, les transactions immobilières privées donnent lieu à perception d'autres droits et taxes. La responsabilité solidaire de paiement du notaire exige de ce dernier le prélèvement de ces taxes. Dans cette section, l'on recensera la taxe foncière (paragraphe 1), la plus-value, la redevance foncière et le droit de timbre (paragraphe 2).

Paragraphe I : L'obligation de collecte et de paiement dans les délais de la taxe foncière

Les actes portant hypothèque, mutation de propriété ou de jouissance en matière immobilière ne peuvent recevoir la formalité de l'enregistrement que sur justification du paiement régulier de la taxe sur la propriété foncière[122].

La taxe foncière est une survivance historique. Elle est instituée en France par l'Assemblée Constituante de 1790, du fait que la terre est à l'époque la vraie richesse palpable et facile à localiser. Par définition, la taxe sur la propriété foncière est un prélèvement fiscal qui frappe les propriétés immobilières bâties ou non, situées au Cameroun. Il peut s'agir d'une propriété de droit matérialisée par la détention du titre formel de propriété de l'immeuble (titre foncier, permis de bâtir…) ou d'une simple possession[123].

La taxe sur la propriété foncière assise au départ sur la superficie et liquidée d'après un tarif progressif a été instituée par la Loi de Finances (LF) 1987/1988[124].

La Loi de Finances pour l'exercice 2006 réforme cette taxe pour compter du 1er janvier 2006. Elle est désormais assise sur la valeur vénale de l'immeuble. La valeur vénale étant ici définie comme le prix

---

[122] Art.583 al1 du CGI

[123] NZOUANGO (L), *La contribution de la fiscalité immobilière dans le financement du budget de l'Etat au Cameroun op.cit.*, p.13

[124] Loi de Finances n° 87/001 du 1er juillet 1987, art. 13 al. 1.

courant d'un terrain ou d'une construction sur le marché, en l'absence de toute raison exceptionnelle ou de convenance.[125]L'élément fondamental de la réforme est la modification de l'assiette.

Le notaire doit maitriser les contours de l'obligation de prélèvement de la taxe foncière à travers la maitrise du champ d'application de la taxe foncière (A) et les opérations d'assiette et de liquidation de la taxe foncière (B).

A- La maitrise du champ d'application de la taxe foncière par le notaire

Il faut au préalable déterminer les personnes assujetties (1) et ensuite son champ d'application territorial et matériel (2).

1. La détermination des personnes redevables de la taxe foncière

Il convient d'y voir les personnes assujetties (a) et les personnes exonérées (b).

a) Les personnes assujetties

Tout propriétaire de droit ou de fait, personne physique ou morale, d'immeuble(s) bâti(s) ou non bâti(s), est assujetti au paiement de la taxe foncière[126]. Le Code Général des Impôts ne définit pas la notion de propriétaire. Ainsi, si l'on s'en réfère au droit commun, notamment au Code Civil, le propriétaire est celui qui est titulaire d'une propriété ; c'est-à-dire le droit de jouir et de disposer des choses de la manière la plus absolue[127]. Il dispose ainsi de jouissance et de disposition sur sa propriété immobilière.

Le droit de propriété sur son immeuble est prouvé par un titre foncier, moyen par excellence de preuve de la propriété foncière. L'on entend par propriétaire de droit, toute propriété se justifiant par un acte administratif ou judiciaire à savoir un titre foncier, un acte d'attribution domanial, un permis de bâtir, un acte d'adjudication suite à la vente immobilière, un jugement en matière immobilière.[128]

---

[125] Art. 3 du décret n°2006/3023/PM du 29 décembre 2006 fixant les modalités d'évaluation administrative des immeubles en matière fiscale, modifié par l'article 4 du décret n° 2014-1881-PM du 04 juillet 2014

[126] Art. 577 al.2 du CGI.

[127] Art. 544 du Code Civil

[128] NZAKOU (A), *Droit fiscal et douanier appliqué, op.cit.,* p.193.

Le propriétaire de fait est celui qui est en possession de l'immeuble, bien que ses droits ne soient pas encore établis par un titre foncier. Dans ce sillage, lorsqu'un immeuble est loué soit par bail emphytéotique[129], soit par bail à construction[130], soit par bail à réhabilitation,[131] ou fait l'objet d'une occupation temporaire constitutive d'un droit réel du domaine public, la taxe foncière est établie au nom de l'emphytéote, du preneur à bail à construction ou à réhabilitation ou du titulaire de l'autorisation.[132]

Cependant, le paiement de la taxe foncière ne s'impose pas à tous les propriétaires de droit ou de fait vivant au Cameroun, il existe aussi des personnes qui y sont exonérées. Dans le cadre des transactions immobilières entre particuliers, la Taxe de la Propriété Foncière est due par le vendeur, propriétaire de l'immeuble bâti ou non, de fait ou de droit.

b) Les personnes exonérées de la taxe foncière

Les exonérations sont bien présentes dans le champ d'application personnel de la taxe foncière. Dans cette perspective, sont exonérées de la taxe sur la propriété foncière, les propriétés appartenant :

- à l'État, aux collectivités territoriales décentralisées et aux établissements publics n'ayant pas un caractère industriel et commercial ;
- aux établissements hospitaliers et scolaires publics et privés ;
- aux organismes confessionnels et aux associations culturelles ou de bienfaisances déclarées d'utilité publique, en ce qui concerne leurs immeubles affectés à un usage non lucratif ;
- aux entreprises industrielles, agricoles, d'élevage et de pêche en ce qui concerne leurs constructions à usage d'usine, de hangars ou de magasins de stockage, à l'exception des constructions à usage de bureaux qui y sont érigées ;

---

[129] Bail d'une durée comprise entre 18 et 99 ans

[130] Contrat de location par lequel le preneur s'engage à titre principal à édifier des constructions sur le terrain bailleur et à conserver en bon état durant toute la durée du bail. Ainsi l'essence même du contrat est la construction.

[131] Contrat par lequel le propriétaire d'un immeuble ancien consent un bail à un preneur qui s'engage à y effectuer les travaux nécessaires d'amélioration dans un délai déterminé puis à louer pendant la durée du bail.

[132] Art.577, al 3 du CGI

- aux organismes internationaux ayant signé un accord de siège avec le Cameroun ;
- aux clubs, associations ou organismes sportifs agréés, les propriétés destinées aux activités ainsi que les infrastructures sportives[133].

2. La détermination du champ d'application territorial et matériel de la taxe foncière

L'on s'attardera tour à tour sur le champ d'application territorial (a) et sur le champ d'application matériel (b).

a) Le champ d'application territorial

Le champ d'application territorial renvoie à l'espace géographique où est imposé le paiement de la taxe foncière au Cameroun. Cette taxe n'est pas due dans toutes les contrées du Cameroun. Le législateur fiscal vise uniquement, les immeubles situés dans les agglomérations bénéficiant d'infrastructures et services urbains et ceux situés dans les chefs-lieux d'unités administratives. Au sens de l'article 577 (1) alinéa 3 ; « *par infrastructures et services urbains, il faut entendre les réseaux de voies carrossables ou bitumées, d'adduction d'eau, d'électricité et/ou de téléphone* ».

Les voies carrossables sont celles où les voitures peuvent circuler. Il s'agit des voies bitumées. Toutefois, le législateur ne précise pas clairement si les critères de voies carrossables, d'adduction d'eau, d'électricité et/ou de téléphone sont cumulatifs ou alternatifs. Cependant, nonobstant, l'absence ou la présence de ces critères, si l'immeuble est situé dans un chef-lieu d'unité administrative, il sera assujetti à la taxe foncière.

b) Le champ d'application matériel de la taxe foncière

Ce champ concerne la nature des biens concernés par le paiement de la taxe foncière[134]. Il s'agit des biens immobiliers. Aux termes de l'article 577 (1) : « *la taxe sur la propriété foncière est due*

---

[133] Art. 578 du CGI

[134] PETSOKO (M.), « Enjeux et défis de la réforme foncière au Cameroun », in *Droit et politique de l'immobilier en Afrique*, Mélanges en l'honneur d'André TIENTCHEU NJIAKO, PUA, 2015, pp. 548-583 ; TIANTCHI (T-R), *La réforme de la taxe foncière sur les propriétés immobilières,* Mémoire de Master II, Fiscalité Appliquée, Université de Douala, 2005-2006, p.22.

annuellement sur les propriétés immobilières, bâties ou non situées au Cameroun, dans les chefs-lieux d'unités administratives ». Le législateur fiscal désigne bien évidemment les propriétés immobilières, bâties ou non.

Au terme de l'article 3 du décret n° 2014/1881/PM du 04 juillet 2014 fixant les modalités d'évaluation administrative des immeubles en matière fiscale, un immeuble bâti désigne toute construction achevée ou non, édifiée sur un terrain. Un immeuble non bâti désigne un terrain nu, libre de toute construction.

L'on distingue trois types d'immeubles à savoir : l'immeuble par nature, l'immeuble par destination et l'immeuble par l'objet auquel il s'applique. Le Code Général des Impôts vise essentiellement les immeubles par nature comme définis par l'article 518 du Code Civil. Certains immeubles sont exonérés de la taxe foncière, nonobstant la nature de leur propriétaire. Le CGI vise les terrains exclusivement affectés à l'agriculture, à l'élevage et/ou à la pêche, les infrastructures de sport ainsi que les immeubles affectés à l'activité industrielle.

Au-delà de la maitrise du champ d'application, les notaires doivent également maitriser les opérations d'assiette et de liquidation de la taxe foncière.

B- La maîtrise des opérations d'assiette et de liquidation de la taxe foncière

L'on verra sous cette rubrique, la détermination de l'assiette fiscale (1), la liquidation et le paiement de la taxe foncière (2).

1. La détermination de l'assiette fiscale de la taxe foncière

L'assiette fiscale peut être définie comme l'ensemble des opérations administratives tendant à établir l'existence et le montant de la matière imposable et à constater la présence du fait générateur de l'impôt[135]. Pour Raymond GUILLIEN, l'assiette est l'acte ou la situation qui est la condition de la naissance de la dette de l'impôt par application d'un tarif, par exemple le montant du revenu annuel[136]. La détermination de l'assiette est une phase essentielle et préalable au paiement de l'impôt.

---

[135]TIANTCHI (T-R), *La réforme de la taxe foncière sur les propriétés immobilières, op. cit.*, p.22.

[136] GUILLIEN (R) et VINCENT (J), *Lexique des termes juridiques*, Dalloz, 4e édition, Paris, 2003, p.51

La détermination est donc duale, c'est-à-dire basée en principe sur la valeur de l'immeuble déclarée par le propriétaire (a) ou à défaut, il s'agit de la valeur administrative de l'immeuble (b).

a) Le principe de la valeur déclarée de l'immeuble par les parties

Puisqu'il s'agit des transactions immobilières par-devant notaire, la valeur de l'immeuble est en principe déterminée par les parties. Cette valeur figure dans l'acte de cession. Elle rejoint ainsi l'article 580 du Code Général des Impôts qui dispose : « L*a taxe sur la propriété foncière est assise sur la valeur des terrains et des constructions telle que déclarée par le propriétaire* ». Il ressort de cette disposition que la valeur de l'immeuble est déclarée par son propriétaire. Cette valeur ne doit pas être déterminée ex nihilo, mais à travers des méthodes d'expertise connues et encadrées par le législateur foncier.

Ce système déclaratif n'assurant pas l'intégralité et l'exhaustivité de l'assiette des impôts, l'administration fiscale s'est aménagé une méthode alternative à savoir l'évaluation administrative[137].

b) La valeur administrative de l'immeuble

Le législateur accepte de recourir à la mercuriale administrative dans un souci de simplification administrative. Sa volonté est d'alléger le formalisme fiscal[138].

L'article 546 bis du Code Général des Impôts permet à l'administration fiscale de recourir à l'évaluation administrative suivant les modalités fixées par voie réglementaire. C'est le cas du décret n° 2014/1881/PM du 4 juillet 2014 fixant les modalités d'évaluation administrative des immeubles en matière fiscale. Il abroge ainsi le décret n° 2006/3023/PM du 29 décembre 2006 fixant les modalités d'évaluation administrative des immeubles en matière fiscale. Ainsi, le décret de 2016 dispose en son article 2 que : « *l'évaluation administrative s'applique en cas de minoration de la valeur vénale ou locative constatée dans les actes et déclarations déposés auprès de l'administration fiscale* ». La méthode d'évaluation administrative est basée sur :

---

137 NKAKE EKONGOLO (D-B), *Cours de Fiscalité immobilière, op. cit.,* p.13
138 LAMARQUE (J), NEGRIN (O), AYRAULT (L), *Droit fiscal général, op.cit.,* p.617.

- le classement des villes, agglomérations et localités (classe des CTD) ;
- le classement des quartiers d'une ville en zone ;
- le classement des terrains en secteur dans une ville ;
- la détermination de grilles de valeur du mètre carré bâti et/ou du mètre carré non bâti par zone ou par secteur, indexé sur le marché foncier, le marché de la construction et le marché locatif ;
- l'utilisation du coefficient de pondération en fonction de l'existence de commodités urbaines.

La mercuriale fixe la valeur de l'immeuble en fonction de la commune, du quartier et du lieu dans le quartier, la nature de l'immeuble bâti ou non.

La valeur administrative des immeubles doit être déterminée à la lumière des mercuriales. Mais en cas de désaccord, les parties peuvent recourir à l'expertise. La demande d'expertise est faite sur simple requête au tribunal civil dans le ressort duquel les biens sont situés[139].

En résumé, la base d'imposition de la TPF est la même que celle des droits d'enregistrement.

2. La liquidation et le paiement de la taxe foncière

Sous cette rubrique, nous allons nous appesantir sur la liquidation (a) et le paiement de la taxe foncière (b).

a) La liquidation de la taxe foncière

La liquidation de l'impôt correspond à la phase de calcul de l'impôt, ultime étape avant son recouvrement[140]. Le notaire est un acteur principal de liquidation de la taxe foncière (a1), dont il convient de voir les modalités de calcul (a2).

a.1) Le notaire acteur principal de liquidation de la taxe foncière en matière de transactions immobilières

Calculer l'impôt à acquitter est souvent une opération complexe qui rebute nombre de contribuables[141]. Toutes les impositions ne sont pas liquidées par les services fiscaux. Certaines à l'exemple de la taxe

---

139 Article 546 bis (2) CGI

140 LAMARQUE (J), NEGRIN (O), AYRAULT (L), *Droit fiscal général*, *op.cit.*, p. 585.

141 LAMARQUE (J), NEGRIN (O), AYRAULT (L), *op.cit..*, p.623.

foncière dans certaines circonstances précises, le sont directement par les redevables légaux. Dans le cadre d'une transaction immobilière, l'opération de liquidation de la taxe foncière incombe au notaire, redevable légal, puisqu'il est contraint de procéder au paiement spontané de l'impôt sans attendre la notification d'un acte administratif l'y invitant.

a.2) Les modalités de calcul de la taxe foncière

L'imposition est un produit, l'opération d'imposition se présente comme une multiplication. Deux facteurs sont nécessaires, le premier correspond à la base imposable, le second au tarif. Ainsi pour calculer la taxe foncière, à la base imposable, on y applique le taux qui est 0.1 %. Ce taux de 0.1 % est appliqué à la valeur de l'immeuble.

Il est un taux ad valorem, c'est-à-dire l'imposition est fonction de l'évaluation de la matière imposable. Elle est donc différente de l'imposition à taux spécifique qui ne tient pas compte de la valeur de la matière imposable, mais prend en compte sa quantité ou son volume. L'unicité de taux en matière de taxe foncière démontre à suffisance le rejet dans ce domaine des impositions proportionnelles et progressives.

En termes de calcul, si un immeuble bâti a une valeur de 100 000 000 de francs CFA, la formule est la suivante : 100 000 000 x 0.1 % = 100 000 de taxe foncière à payer. Une fois le montant de la taxe foncière connu, le notaire doit le reverser au trésor public après l'avoir encaissé.

b) Le paiement de la taxe foncière

Toute personne tenue au paiement d'un impôt ou taxe, d'un acompte d'impôt ou taxe ainsi qu'au versement d'impôts collectés par voie de retenue à la source auprès des tiers pour le compte de l'État ou de toute autre personne morale de droit public doit s'acquitter de sa dette auprès de la Recette des Impôts dans les délais fixés par la loi[142].

Le paiement des impôts et taxes susvisés se fait suivant les modalités suivantes :

- en espèce ou par voie électronique pour les montants inférieurs à cent mille (100 000) FCFA ;

---

[142] Art L7 du CGI

- par chèque certifié, par virement bancaire ou par voie électronique pour les montants d'au moins cent mille (100 000) FCFA ;
- par virement bancaire ou par voie électronique pour les entreprises relevant d'une unité de gestion spécialisée, notamment la Direction des Grandes Entreprises, les Centres des Impôts des Moyennes Entreprises et les Centres Spécialisés des Impôts ;
- en espèces auprès des guichets des banques[143].

Dans le cadre des mutations immobilières par-devant notaire, la procédure de paiement de la TPF est étroitement liée à celle de l'enregistrement de ces mutations. Elle obéit aux étapes ci-après :

- la déclaration en ligne de la TPF permettant une liquidation automatique des droits à payer et l'édition de l'avis d'imposition ;
- le virement des droits dus au profit du Receveur des Impôts donnant lieu à la délivrance par la banque d'une attestation de virement ;
- le dépôt à l'accueil de l'acte physique accompagné des annexes, de l'attestation de virement et de l'avis d'imposition ;
- la délivrance instantanée de la quittance de paiement.

Ce paiement de la TPF par les notaires établis dans les départements du Mfoundi et du Wouri auprès de la Recette rattachée au CSPLI où est logé un bureau d'authentification des attestations de virement, et dans les Centres des Impôts de rattachement pour les autres notaires. Une fois la TPF recouvrée, le notaire devra s'intéresser au prélèvement libératoire sur la plus-value et des autres taxes.

Paragraphe II : L'obligation de perception et de reversement dans les délais de la plus-value et de la taxe de publicité foncière.

Le notaire entretient avec l'administration fiscale des relations permanentes ; il est en effet constitué redevable légal des droits et taxes dus sur les transactions immobilières. Parmi ces taxes, figurent en bonne place la plus-value (A), la redevance foncière et le droit de timbre (B).

143 *Idem.*

A- L'obligation de retenue à la source et de reversement de la plus-value sur cession immobilière

Convoitée par le fisc pour des considérations essentiellement de justice fiscale, la plus-value n'a pas été apprivoisée par la loi fiscale d'une manière linéaire ou uniforme en raison de son caractère intrinsèquement aléatoire, multiple, volatil et conjoncturel, mais en raison des effets économiquement pervers de sa fiscalisation poussée[144]. Cette fiscalisation pourrait sérieusement être contreproductive y compris pour le fisc puisqu'elle peut, soit décourager les transactions, soit encourager la fraude à travers la tentation de dissimulation de la plus-value[145].

Au Cameroun, le législateur fiscal fait régulièrement preuve de prudence voire de flottement dans son approche de l'imposition des plus-values. Des ajustements apportés au régime fiscal des plus-values immobilières vont se succéder. Le législateur par touches successives, procède régulièrement à la modification des taux de cette taxe. Ainsi, compte tenu de la complexité du régime applicable à la plus-value immobilière, le notaire doit s'assurer de maitriser le régime fiscal à travers la maitrise de l'assiette fiscale ou la base d'imposition (1) et les modalités de liquidation (2).

1. La détermination de la base d'imposition de la plus-value

La plus-value se définit comme l'accroissement de la valeur réelle ou monétaire d'un bien intervenu entre le début et la fin d'une période. La plus-value est par nature un gain en capital[146]. La plus-value est imposable, qu'elle revête en amont une nature de vente, de donation ou de succession[147]. Dans tous les cas, une opération de cession immobilière donne lieu au prélèvement de l'impôt sur la plus-value. Ce prélèvement, dit libératoire, est effectué par le notaire lequel s'oblige de le reverser au Trésor.

Par ailleurs, déterminer l'assiette de l'impôt signifie préciser la matière imposable, fixer les conditions d'évaluation après constatation

---

144 MOHAMED KOSSENTINI, *La plus-value en droit fiscal tunisien*, Paris, L'Harmattan, 2008, p. 13.

145 *Idem.*

146 GUINCHARD (S), *Lexiques des termes juridiques*, op. cit., p.847.

147 FONGANG TEMKENG (G-A), *Régime des opérations immobilières au Cameroun*, Mémoire de Master II en Fiscalité Appliquée, Université de Douala, 2009, p. 54.

du fait générateur. Dans ce sillage, l'aménagement de la base imposable de la plus-value est défini par l'article 48 (3) du CGI qui dispose que la plus-value sur cession d'immeuble est égale à la différence du prix déclaré par les parties et la valeur du bien à la dernière mutation. Ainsi, la détermination de la plus-value s'appuie sur les éléments ci-après :

- le prix de cession déclaré par les parties, réévalué administrativement le cas échéant ;
- la valeur du bien à la dernière mutation ;
- les frais de construction et/ou de transformation de l'immeuble le cas échéant ;
- les charges déductibles de la plus-value brute.

Ces éléments permettent de dégager d'abord la plus-value brute (a) et la plus-value nette (b).

a) Le calcul de la plus-value brute

La plus-value brute est égale à la différence entre le prix de cession et la valeur de l'immeuble à la dernière mutation. Par prix de cession, il faut entendre le prix déclaré par les parties ou la valeur réévaluée administrativement lorsque le prix déclaré est inférieur à la valeur administrative.

S'agissant de la valeur de l'immeuble à la dernière mutation, elle renvoie soit au prix auquel l'immeuble a été acquis par le vendeur, soit à la valeur de l'immeuble lorsque la dernière mutation a été faite à titre gratuit, notamment dans le cadre de la succession, d'une immatriculation directe ou d'une donation.

b) Le calcul de la plus-value nette

Pour la détermination de la plus-value nette, il est tenu compte au titre des charges déductibles :

- soit d'un abattement forfaitaire de 30 % pour les personnes non astreintes à la tenue d'une comptabilité ;
- soit des frais réels afférents à la dernière mutation à l'exclusion des droits d'enregistrement, lorsqu'il s'agit de personnes astreintes à la tenue d'une comptabilité.

L'abattement forfaitaire s'applique sur le montant de la plus-value brute.

Pour être recevables, les frais réels exposés par le redevable doivent être appuyés par des justificatifs probants retracés dans la comptabilité de ce dernier. Ceux-ci doivent obligatoirement être annexés à l'acte de vente qui est présenté à la formalité d'enregistrement[148].

Le redevable du prélèvement sur la plus-value ne peut se prévaloir cumulativement de l'abattement forfaitaire et des frais réels[149].

2. Les modalités de liquidation de la plus-value immobilière

Il importe de voir sous cette rubrique le taux de prélèvement libératoire sur la plus-value immobilière (a) et les modalités de calcul et de perception de cet impôt (b).

a) Le taux de prélèvement libératoire sur la plus-value immobilière

À partir du 1er janvier 2017, le taux du prélèvement libératoire sur la plus-value immobilière est fixé à 5 % lorsque l'immeuble objet de la transaction est situé dans une zone encadrée par une mercuriale administrative

Le taux de 10 % demeure toutefois applicable aux plus-values réalisées sur des immeubles non situés dans une zone non encadrée par une mercuriale administrative.

Pour bénéficier des taux réduits ci-dessus exposés, les immeubles objet des transactions présentées à l'enregistrement doivent être situés dans une zone couverte par une mercuriale administrative. Par mercuriale administrative, il faut entendre le répertoire des prix minima de référence des transactions immobilières par voie administrative.

Les mercuriales sont arrêtées conformément aux dispositions des articles 5 et 7 du décret n° 2014/1881 du 04 juillet 2014 fixant les modalités d'évaluation administrative des immeubles.

---

[148] Circulaire n° 001/MINFI/DGI/LRI/L du 12 janvier 2017 précisant les modalités d'application des dispositions fiscales de la loi n° 2016/018 du 14 décembre 2016 portant Loi de Finances de la République du Cameroun pour l'exercice 2017.
[149] CIRCULAIRE N° 001/MINFI/DGI/LRI/L du 12 janvier 2017, *op.cit.*, p.7.

b) Les modalités de calcul et de perception de la plus-value immobilière

Pour déterminer le montant de la plus-value immobilière, il faut appliquer à la base imposable, le taux de 5 % ou 10 % selon le lieu de situation de l'immeuble.

Lorsque la dernière mutation s'est faite par voie d'immatriculation directe, la valeur servant de base pour la détermination de la plus-value est celle déclarée par les parties.

L'immatriculation directe s'entend comme la procédure de reconnaissance des droits sur les terrains du domaine national de première catégorie, à savoir les terrains mis en valeur avant le 05 août 1974[150].

S'agissant de la perception conformément à l'article 90 du CGI : « les plus-values visées à l'article 46 alinéa (2) font l'objet d'un prélèvement libératoire au taux de 10 %, effectué par le notaire, pour le compte du vendeur. L'impôt doit être reversé avant la formalité de l'enregistrement à l'aide d'un imprimé fourni par l'administration ou par télé-déclaration. Le taux applicable pour la détermination de l'impôt sur la plus-value immobilière est ramené à 5 % pour les transactions relatives aux immeubles relevant des zones encadrées par une mercuriale administrative ».

À compter du 1er janvier 2017, les plus-values sur cession d'immeubles réalisées aussi bien par les personnes physiques que par les personnes morales sont soumises au prélèvement libératoire de 5 %[151]. Ce prélèvement libératoire au titre de l'Impôt sur le Revenu Foncier est collecté par le notaire et reversé au Trésor Public en même temps que les droits d'enregistrement.

Les personnes morales ne peuvent se prévaloir de leur qualité pour se soustraire au prélèvement libératoire. Les plus-values réalisées à l'occasion des cessions immobilières qu'elles effectuent sont intégrées au résultat et soumises à l'Impôt sur les Sociétés en fin d'exercice. Toutefois, afin d'éliminer la double imposition, le prélèvement libératoire opéré par le notaire est imputé sur l'impôt calculé en fin de

---

[150] NYAMA (J-M), *Régime foncier et domanialité publique au Cameroun*, Presse de L'UCAC, Yaoundé, 2012, pp.113 et s.

[151] Notamment dans les zones encadrées par une mercuriale administrative.

période dans les mêmes conditions que les Impôts sur les Revenus des Capitaux Mobiliers[152].

B- Le prélèvement de la redevance foncière et des droits de timbre, autres obligations du notaire dans le cadre des transactions immobilières

Les mutations immobilières, quelles que soient leurs formes, sont soumises aux prélèvements fiscaux, sous réserve des exonérations et des exemptions. Ainsi, ces mutations donnent droit à la perception de la redevance foncière (1), des droits de timbre de dimension ou de timbre gradué (2).

1. L'obligation déclarative et de perception de la redevance foncière par le notaire

Au regard de l'évolution de la domanialité tant publique que privée, tributaire de l'aménagement du territoire, des mouvements migratoires des populations, de l'accroissement des demandes d'accession à la pleine propriété, le législateur fiscal a cru bon de taxer les opérations d'immatriculation des terres[153]. L'intervention du notaire est requise dans tous les cas conformément à l'article 8 de l'ordonnance n° 74/1 du 6 juillet 1974, qu'on soit dans l'hypothèse d'une cession totale ou partielle, d'un échange ou d'un partage amiable ou judiciaire ou même d'une promesse de vente.

Tout en sachant que le notaire est un maillon essentiel, il est important de s'intéresser au sort fiscal des différentes opérations d'immatriculation. Les tarifs des droits afférents aux opérations foncières ont été établis et modifiés par l'article 14 de la loi n° 90/001 de la loi du 29 juin 1990 portant Loi de Finances pour l'exercice 1990/1991. Cette disposition fixe les tarifs de droits afférents aux opérations foncières énumérées à l'article 19 de l'ordonnance n° 74/1 du 06 juillet 1974 fixant le régime foncier. Il est important pour le notaire de maitriser le champ d'application de la redevance foncière (a) et les modalités d'assiette et de liquidation de cette redevance (b).

[152] Article 17 (4) et 46 (2) du CGI

[153] NYAMA (J-M), *Régime foncier et domanialité publique au Cameroun*, op.cit. p.51.

a) L'obligation de maîtrise du champ d'application de la redevance foncière par le notaire

L'étude du champ d'application d'une imposition se dédouble, de manière classique, en deux avec l'analyse du champ territorial d'une part, et celle du champ d'application matériel d'autre part. L'on va davantage insister sur ce dernier champ qui vise non seulement les personnes imposables (a.1), mais aussi les opérations imposables (a.2).

a.1) Les personnes imposables à la redevance foncière

Sont assujetties à la redevance foncière, toutes personnes sollicitant l'établissement d'un titre foncier. Ainsi, l'article 9 du décret n° 76/165 du 27 avril 1976 prévoit que, sont habilités à solliciter l'obtention *« d'un titre foncier sur une dépendance du domaine national qu'elles occupent ou exploitent ; les collectivités coutumières, leurs membres ou toute autre personne de nationalité camerounaise ; les personnes déchues de leurs droits par application des articles 4,5 et 6 de l'ordonnance n° 74/1 du 6 juillet fixant le régime foncier »*. À l'analyse, il importe de faire une distinction entre l'assujetti, personne physique (a1-1) et l'assujetti, personne morale (a1-2).

a.1.1) L'assujetti à la redevance foncière, personne physique

Sont assujetties au prélèvement de la redevance foncière, les personnes physiques de nationalité camerounaise qui sollicitent l'immatriculation d'un terrain domanial de première catégorie. Dans cette perspective, parmi les personnes physiques de nationalité camerounaise, la loi vise ; les membres des collectivités coutumières, toute personne de nationalité camerounaise, même sans faire partie d'une collectivité coutumière, à condition d'avoir occupé paisiblement ou exploité une dépendance du domaine national ; les personnes titulaires de livrets fonciers ou de « *certificates of occupancy* » déchues de leurs droits[154] et sous certaines conditions les administrateurs des biens d'une succession[155].

[154] Les titulaires de livrets fonciers ou de « *certificates of occupancy* » sur les terrains en milieu urbain et rural qui n'ont pas transformé en titres fonciers leurs titres dans un délai de six (6) ans pour les uns et quinze (15) ans pour les autres, à compter du 5 août 1974, doivent aujourd'hui reprendre toute la procédure d'immatriculation en vue de l'obtention de nouveaux titres. Ils sont par conséquent assujettis au paiement de la redevance foncière.

[155] Les administrateurs des biens d'une succession peuvent solliciter et obtenir des titres fonciers sur ces biens, mais seulement au nom des successibles mineurs, et à la

a.1.2) L'assujetti à la redevance foncière, personne morale

Dans cette catégorie, l'on cite régulièrement les collectivités coutumières, les sociétés et groupements, les associations et les ONG.

Les collectivités coutumières constituent « *un ensemble de personnes réunies par les liens de parenté, d'adoption ou d'association et qui vivent sur un même territoire* »[156]. C'est à ce titre que la loi n° 66/3 du 7 juillet 1966 leur avait offert la possibilité d'une immatriculation collective des terres occupées à la condition que la demande ait été présentée au nom de tous leurs membres nommément désignés. Les collectivités coutumières comme personne morale habilitée à solliciter l'obtention d'un titre foncier sont des assujetties à la redevance foncière.

Les sociétés civiles et commerciales camerounaises, c'est-à-dire celles dont la majorité du capital est détenue par les associés camerounais[157] sont des assujetties de la redevance foncière également. Elles peuvent ainsi solliciter l'obtention d'un titre foncier sur une dépendance du domaine national. Les Groupements d'Intérêt Economique (GIE) et les Groupes d'Initiative Commune (GIC) peuvent être aussi considérés comme des assujettis à la redevance foncière.

Les associations déclarées et dotées de la personnalité morale peuvent librement acquérir à titre onéreux et posséder des immeubles nécessaires à l'accomplissement du but qu'elles poursuivent. Il en est de même des Organisations Non Gouvernementales (ONG) camerounaises. Ces deux formes de groupements rentrent dans la catégorie des personnes morales de nationalité camerounaise habilitées à solliciter l'immatriculation des terrains mis en valeur et par conséquent, sont assujettis à la redevance foncière.

L'État, les collectivités territoriales décentralisées (Communes et Régions) et les organismes publics ne peuvent pas initier directement des procédures tendant à l'obtention des titres fonciers sur les dépendances du domaine national qu'ils occupent ou exploitent. Ils sont par conséquent non assujettis à la redevance foncière. Il en est ainsi des étrangers et des associations étrangères.

---

condition que les droits invoqués par eux soient reconnus fondés. Ils paieront la redevance foncière pour le compte des mineurs.

[156] Art. 3 du décret n° 63/2 du 9 janvier 1963.

[157] Loi n° 90/031 du 10 août 1990 régissant l'activité commerciale (art. 9. b)

a.2) Les opérations imposables à la redevance foncière

« La terre n'est pas un bien comme les autres, sa propriété est moins privative, son aliénation est moins libre, sa vente ne peut être une affaire courante entre deux individus »[158]. Elle est d'ailleurs décrite comme source de richesse[159]. Elle fait ainsi l'objet de nombreuses convoitises notamment de la part des services du fisc qui entendent lors des opérations foncières engranger d'importantes ressources nécessaires au fonctionnement des services publics et à l'investissement. La fiscalité foncière énumère les opérations foncières donnant lieu au prélèvement des droits fiscaux. L'on cite entre autres, l'établissement du titre foncier, la délivrance des relevés et des certificats, les inscriptions diverses dans le livre foncier, les travaux topographiques, toponométriques ou cadastraux[160]. Seul l'établissement du titre foncier nous intéresse, car le notaire est cité parmi les acteurs intervenant dans sa confection[161]. Il est donc question à ce niveau de l'analyse de circonscrire les opérations qui entrent dans le champ d'application de la redevance foncière auprès du notaire. Dans le cadre de l'établissement du titre foncier au Cameroun, l'on distingue les opérations d'immatriculation directe (a.2.1) et les opérations d'immatriculation indirecte (a.2.2).

a.2.1) L'immatriculation directe et la redevance foncière

L'immatriculation a pour objet de placer un immeuble sous l'emprise du régime des livres fonciers. Elle est concrétisée par la remise d'un *titre foncier définitif et inattaquable* qui constitue *la certification officielle de la propriété immobilière et le point de départ de toutes les mutations et constitutions de droits ultérieurs*[162]. Ainsi définie, l'immatriculation poursuit un double but : d'abord, dégager du passé la véritable situation tant matérielle que juridique de l'immeuble,

---

[158] BOMBA (D-T), « Le statut juridique de l'agent immobilier au Cameroun », in *Mélanges en l'honneur de Tientcheu Njiako André*, PUA, Yaoundé, 2009, p.75.

[159] G-A. KOUASSIGAN, *L'homme et la terre : droits fonciers coutumiers et droit de propriété en Afrique occidentale*, éditions BERGER-LEVRATILT, Paris, 1966, p.11. ; DONFACK SOBGOUM, « La nullité du titre foncier », in *Mélanges en l'honneur de Tientcheu Njiako André, op.cit.*, p. 97.

[160] Art. 19 ordonnance n° 74/1 du 06 juillet 1974 fixant le régime foncier.

[161]EBANG MVE (U-N), *Le titre foncier au Cameroun, recherches sur la spécificité d'un acte administratif unilatéral,* l'Harmattan, Paris, 2011, p.74.

[162] GASSE, *Régimes fonciers africains et malgaches : évolution depuis l'indépendance*, LGDJ, Paris, 1971, p.52. ; NYAMA (J-M), *Régime foncier et domanialité au Cameroun*, op.cit., p.113.

puis consolider les droits révélés[163]. L'immatriculation directe est la procédure d'obtention du titre foncier à partir du domaine national de première catégorie occupé ou exploité. Elle obéit à la procédure fixée par le décret n° 76/165 du 27 avril 1976 fixant les conditions d'obtention du titre foncier. Elle débute généralement par le dépôt d'une demande d'immatriculation au district ou à la Sous-Préfecture du lieu de situation de l'immeuble. Ainsi l'immatriculation directe entre dans le champ d'application de la redevance foncière. Ce champ est défini par le législateur fiscal. L'obtention de titres sur le domaine national occupé ou exploité ne fait pas normalement intervenir le notaire puisque l'opération consiste, pour la commission consultative, à faire le constat de l'occupation et de l'exploitation de la parcelle à titrer, puis à la faire titrer[164].

a.2.2) L'immatriculation indirecte et la redevance foncière

Les opérations d'immatriculation indirecte tombent également dans le champ d'application de la redevance foncière, surtout celles qui sont passées par-devant notaire. Le notaire est un maillon essentiel de ces opérations. L'intervention du notaire est requise dans tous les cas conformément à l'article 8 de l'ordonnance n° 74/1 du 6 juillet 1974 précitée, qu'on soit dans l'hypothèse d'une cession totale ou partielle, d'un échange ou d'un partage amiable ou judiciaire ou même d'une promesse de vente. Le notaire est à la fois officier public et officier ministériel. À ce titre, il est titulaire d'un certain nombre de charges qui l'amènent à intervenir dans l'établissement du titre foncier. Il a ainsi une compétence spéciale quand il s'agit de translation de propriété immobilière[165]. Le notaire participe ainsi à l'établissement du titre foncier en dressant un acte que l'administration doit requérir avant d'en confectionner à proprement parler, le titre[166].

L'immatriculation indirecte renvoie au morcellement des propriétés existantes, à la transformation d'un acte en titre foncier et à la fusion des titres fonciers. Mais seule l'obtention du titre à la suite des cessions, des démembrements ou fusion d'immeubles immatriculés intéresse le notaire. La cession, à titre gratuit ou onéreux, d'un immeuble emporte

---

[163]Idem.

[164] Art. 9 s du décret n° 76/165 du 27 avril 1976 fixant les conditions d'obtention du titre foncier.

[165] EBANG MVE (U-N), *Le titre foncier au Cameroun, recherches sur la spécificité d'un acte administratif unilatéral, op. cit.*, , p.74

[166] *Ibid.* p.77

mutation du titre foncier initial au nom de l'acquéreur entrainant le prélèvement à la source de la redevance foncière par le notaire. Il en va de même du démembrement d'un immeuble à la suite des ventes successives, de partage ou de cession à titre gratuit, qui emporte morcellement du titre foncier initial au profit des acquéreurs, des copartageants ou des cessionnaires. Le notaire intervient dans les transactions foncières, il a ainsi l'obligation de prélever la redevance foncière sur la base d'une assiette fiscale préalablement établie.

b) Les modalités d'assiette et de liquidation de la redevance foncière

Le notaire en tant que redevable légal de la redevance foncière doit maîtriser la base d'imposition (b.1), les taux et les modalités de paiement (b.2).

b.1) La base d'imposition de la redevance foncière

La base d'imposition de la redevance foncière varie en fonction du type de l'opération[167]. Cependant pour les actes passés par devant notaire, la base de la redevance foncière est constituée du prix de l'immeuble cédé. Concernant le morcellement des propriétés existantes, la base est constituée du prix d'achat en cas d'acquisition onéreuse, ou de la valeur vénale dans l'acte notarié en cas d'acquisition gratuite. Le prix est librement déclaré par les parties, car le système reste déclaratif. Cela suppose la bonne foi des parties au contrat.

Toutefois, en matière immobilière, le notaire au risque d'être sanctionné pour minoration de valeur, a l'obligation de recourir à l'évaluation administrative lorsque la valeur déclarée par les parties est inférieure à la valeur mercuriale. Ainsi, les mercuriales des valeurs administratives des immeubles[168] sont déterminées par département et constituent la base des transactions immobilières. En cas de contestation de ces valeurs, les parties peuvent recourir à la procédure d'évaluation par voie d'Expert[169]. Dans la plupart des cas, la valeur retenue pour le calcul des droits d'enregistrement, de la taxe foncière,

---

[167] Voir art 14 (nouveau) de la loi n° 91/003 du 30 juin 1991 portant Loi de Finances de la République du Cameroun pour l'exercice 1991/1992.
[168] Voir décret n° 2014-1881-PM du 04 juillet 2014 fixant les modalités d'évaluation administrative des immeubles en matière fiscale.
[169] Art. 546 Bis (2) du CGI

sert également de base d'imposition de la redevance foncière. Une fois la base déterminée, il faut appliquer le taux légal et ensuite payer.

b.2) Le taux et le paiement de la redevance foncière

Les taux varient en fonction du type d'immatriculation. Aussi les prélèvements se feront suivant le type d'immatriculation notamment l'immatriculation sur le domaine national de première catégorie, l'immatriculation par morcellement des propriétés existantes, et les transformations de titres fonciers :

- Par voie d'immatriculation sur le domaine national de 1re catégorie :
  - 5 francs par mètre carré dans la zone urbaine, minimum à percevoir : 5000francs ;
  - 1 franc par mètre carré dans la zone rurale, minimum à percevoir : 3000francs.
- Par morcellement des propriétés existantes :
  - 2 % du prix d'achat en cas d'acquisition onéreuse ;
  - 1 % de la valeur vénale énoncée par l'acte notarié en cas d'acquisition gratuite.
- Par transformation d'un acte en titre foncier :
  - 1 % de la valeur vénale de l'immeuble calculée sur la base du prix des terrains domaniaux dans la localité.
- Par fusion des titres fonciers :
  - 1 % de la valeur vénale des immeubles à fusionner.

Une fois les taux déterminés, la perception de la redevance foncière incombe au notaire. Ce dernier doit veiller au respect scrupuleux de ses obligations fiscales en la matière. Il doit ensuite reverser cette redevance foncière à la Recette des Domaines du lieu de rattachement. Ainsi, la perception des recettes est effectuée par les Receveurs des Domaines sur ordre de versement établi par les services compétents des Domaines et du Cadastre[170].

[170] Loi de Finances n° 91/003 du 30 juin 1991 portant Loi de Finances de la République du Cameroun pour l'exercice 1991-1992 (extraits).

2. L'obligation de perception des droits de timbre de dimension ou de timbre gradué

L'absence des données quantitatives précises sur les droits de timbre empêche une véritable analyse de sa contribution au budget de l'État. Il n'empêche que les droits de timbre occupent une place non moins importante dans le paysage fiscal camerounais. Relativement aux droits de timbre sur les mutations immobilières, les dispositions du CGI définissent les modalités d'assiette, de tarif et de perception. En outre, ces dispositions définissent les pénalités et amendes, les modes de reversement et les obligations des redevables. Ainsi la contribution du timbre dans les pays de la CEMAC est établie indépendamment des droits d'enregistrement sur tous les papiers destinés aux actes civils et juridiques et aux écritures qui peuvent être produites en justice et y faire foi[171]. Et sans préjudice des dispositions particulières relatées dans le présent code, sont solidaires dans le paiement des droits de timbre et des amendes, tous les signataires pour les actes synallagmatiques, les prêteurs et emprunteurs pour les obligations, les officiers ministériels qui ont reçu ou rédigé des actes énonçant des actes ou livres non timbrés[172]. Le notaire est donc interpellé. Il convient d'analyser la situation des droits de timbre de dimension (a) et du timbre gradué (b).

a) L'obligation de prélèvement du timbre de dimension de la part du notaire

Au regard de l'article 447 du CGI, les notaires, greffiers, arbitres et autres dépositaires publics ne peuvent employer pour les expéditions, extraits ou copies qu'ils délivrent, des actes retenus en minutes de ceux déposés ou annexés que du papier timbré, du format de la demi-feuille de papier normal ou du format supérieur. Il est prononcé une amende de 2000 francs pour chaque acte public ou expédition écrit sur papier non timbré.

Les tarifs des papiers timbrés et du droit de timbre de dimension énoncés aux articles 438 et 444 du CGI sont fixés comme suit :

- 1000 FCFA pour le papier normal de format A4 (29.7 x 42 cm) dû par page (article 547 du CGI)
- 1000 FCFA pour demi-feuille de papier de format (21x29.7 cm)

[171] Art 420 du CGI
[172] Art 425 du CGI

b) L'obligation de prélèvement du timbre gradué

Au terme de l'article 585 du CGI, sont soumis au droit de timbre gradué les actes obligatoirement soumis à la formalité d'enregistrement qui, bien que contenant une énonciation de la valeur, ne sont pas soumis à un droit proportionnel, soit par application de la loi (enregistrement gratis ou au droit fixe), soit par suite de l'existence de conditions suspensives.

Sont en particulier soumis à ce droit de timbre :

- les actes dont le droit d'enregistrement est à la charge de l'État ou d'une collectivité publique locale ;
- les titres fonciers et les livrets fonciers.

Le taux du droit de timbre gradué est fixé comme suit, pour chaque exemplaire de l'acte, et selon la valeur maximale énoncée dans cet acte, s'il s'agit d'actes sous seing privé, pour les originaux, de la minute et des expéditions s'il s'agit d'actes notariés.

- 10 000 francs pour la valeur comprise entre 0 et 1000 000 de francs ;
- 25 000 francs pour la valeur comprise entre 1000 001 et 20 000 000 de francs ;
- 50 000 francs pour la valeur comprise entre 20 000 001 et 50 000 000 de francs ;
- 100 000 francs pour la valeur comprise entre 50 000 001 et 100 000 000 de francs ;
- 200 000 francs pour la valeur comprise entre 100 000 001 et 500 000 000 de francs ;
- 300 000 francs au-dessus de 500 000 000 de francs.

La perception du droit de timbre gradué n'exclut pas celle du droit de timbre de dimension.

Le notaire doit veiller à la stricte application de la législation fiscale en matière de prélèvements des droits de timbre gradué et de dimension[173]. En effet, il est prononcé une amende de 2000 francs, pour

---

[173] MBEBI (C), *Le rôle du notaire dans la protection du patrimoine des personnes vulnérables, op.cit.* pp.20 et s ; NKAKE EKONGOLO (D-B), *Cours de fiscalité immobilière , op. cit.,* p. 30.

chaque acte public ou expédition écrit sur papier non timbré, et les contrevenants paient en outre les droits de timbre[174].

Conclusion du chapitre I

Le boom immobilier observé actuellement est une cible prioritaire des services fiscaux. Ils sont à la recherche des ressources financières étatiques nécessaires au financement des services publics[175] d'où l'interpellation justifiée du notaire en tant que redevable légal lors des opérations immobilières.

Le présent chapitre a consisté en une mise en perspective des obligations fiscales du notaire découlant des transactions immobilières privées.

La nature des obligations fiscales est liée à la maitrise des modalités de détermination de l'assiette imposable, de la liquidation et du paiement des différents droits et taxes qui grèvent les opérations immobilières au Cameroun.

Ainsi les mutations immobilières, quelles que soient leurs formes, sont soumises aux prélèvements fiscaux, sous réserve des exonérations et des exemptions. Les prélèvements frappent aussi bien la transaction (droit d'enregistrement), les gains tirés de celle-ci (plus-value) que l'immeuble (taxe foncière), et *l'instrumentum* de la mutation (droit de timbre)[176].

Les techniques juridiques de l'imposition des opérations immobilières sont encadrées par le Code Général des Impôts et différents textes législatifs et réglementaires du Cameroun. Le notaire se doit d'être attentif au recouvrement, au prélèvement de ces différents impôts, car la mise en œuvre de sa responsabilité suppose l'inobservation d'une de ses obligations.

Dans la même veine, les remaniements successifs des normes fiscales régissant les mutations immobilières témoignent de l'instabilité

---

[174] Art 450 du CGI

[175] NZOUANGO (L), *La contribution de la fiscalité immobilière dans le financement du budget de l'Etat au Cameroun,* op. cit., pp. 8 et s. ; ESSENGUE (M-M), *La problématique de la fiscalité immobilière au Cameroun,* op. cit, 10 et s.

[176] Séminaire de formation des notaires sur la réforme et la modernisation de l'enregistrement des mutations immobilières et leurs obligations, DGI, Douala, 10 mars 2016.

chronique qui caractérise le régime fiscal de ces mutations. D'ailleurs, la dénonciation de l'insécurité fiscale dans ce domaine est devenue de nos jours aussi banale que fréquente[177], d'où une vigilance accrue de la part du notaire.

[177] L'instabilité de la loi fiscale a en effet été relevée et stigmatisée en France dans de nombreux rapports publics (notamment le Rapport Fouquet)

CHAPITRE II :

LES OBLIGATIONS DU NOTAIRE EN MATIÈRE DE PERCEPTION DES IMPÔTS DÉCOULANT DE LA SUCCESSION

Les droits de succession sont dus sur toutes les transmissions de biens procédant d'un décès, qu'elles résultent des règles de la dévolution légale ou de dispositions testamentaires prises par le défunt. Bien que la déclaration de succession en vue du paiement des droits puisse être directement souscrite par les héritiers ou les légataires auprès des centres des impôts territorialement compétents, il importe de mentionner que c'est le notaire qui est le mieux indiqué pour effectuer les démarches administratives afin d'éviter les incohérences aux graves conséquences. D'ailleurs, « *le notaire qui aura reçu un acte constatant l'acquisition des droits réels immobiliers dépendant d'une succession sera solidairement responsable des droits, pénalités et amendes* ».[178]

Le notaire est donc un acteur central dans les opérations de liquidation des successions. La transmission du patrimoine constitue un ensemble d'opérations nécessitant une bonne connaissance des règles juridiques et surtout des règles fiscales. Le notaire doit donc maitriser le sort fiscal réservé à la transmission du patrimoine pour cause de mort. Pour ce faire, un travail préalable doit être effectué, il s'agira de déterminer en matière fiscale, la base d'imposition des droits de succession (section I), afin d'en déterminer les obligations découlant des modalités de calcul et de paiement des droits successoraux (section II).

Section I : Les obligations liées à la détermination de la base d'imposition des droits de succession

Le notaire a l'obligation de maîtriser les règles spécifiques de détermination de l'assiette taxable. Pour établir l'assiette des droits, il sera question de la détermination de l'actif brut successoral (paragraphe I) et aux fins de détermination de l'actif net, du passif déductible (paragraphe II).

---

[178] Art. 399 (3) du CGI.

Paragraphe I : La détermination de l'actif successoral brut

Les droits de succession sont en principe dus sur l'actif successoral comme il est déterminé par application des règles de droit civil, sans distinguer selon que la succession est régie par les règles de la dévolution légale ou organisée par des dispositions à cause de mort prises par le défunt (legs ou donation au dernier vivant).[179]

Par actif successoral brut, il faut entendre l'ensemble des biens et droits qui, au jour du décès d'une personne, constituent la richesse de son patrimoine. Il est question d'identifier tous les biens meubles et immeubles du défunt, toutes les valeurs mobilières, les liquidités dans les coffres, les comptes d'épargne, les contrats d'assurance et autres[180].

L'impôt de mutation par décès frappe tous les biens qui faisaient partie du patrimoine du défunt et qui sont transmis par le fait de son décès à ses héritiers, légataires ou donataires. L'on recense ainsi, les biens camerounais et les biens étrangers[181].

Par biens camerounais, on entend non seulement ceux ayant une assiette matérielle au Cameroun (immeubles, meubles corporels, fonds de commerce…), mais encore les biens incorporels qui y possèdent une assiette fictive. L'impôt est donc exigible sur tous les biens camerounais transmis par décès, quels que soient la nationalité, le domicile ou la résidence du défunt ou des successeurs.

Concernant les biens étrangers, le droit ne frappe point les biens ayant leur assiette matérielle à l'étranger même si ces biens dépendent de la succession d'un Camerounais domicilié au Cameroun. Toutefois, par dérogation au principe de la territorialité, les actions, les obligations, les créances, les parts d'intérêt et plus généralement toutes les valeurs mobilières étrangères sont assujetties au droit de mutation par décès lorsque ces biens dépendent d'une succession régie par la loi camerounaise en vertu, soit des règles de droit privé, soit d'accords diplomatiques.

---

[179] Dossier pratique, *Fiscalité des successions et des donations*, Levallois, éditions Francis Lefebvre, Paris, 2017, p11.

[180] MATOUKAM DEFFO (G-A), *Le Régime fiscal de l'imposition des successions au Cameroun*, Mémoire de Master II, Fiscalité Appliquée, Université de Douala, 2015-2016, p29

[181] ATANGANA NGONO, (L), *Cours d'enregistrement,* ENAM, 2004, inédit.

Pour faire simple, pour la détermination de l'actif successoral brut, l'on procédera à un inventaire des biens (A) et ensuite à leur évaluation (B).

A- L'inventaire des biens du défunt

D'après les dispositions de l'article 516 du code civil, tous les biens sont meubles ou immeubles. Les opérations d'inventaire permettent de recenser les biens immobiliers (1), les biens meubles (2).

1. Les biens immobiliers[182]

L'immeuble est défini comme un fond de terre et ce qui y est incorporé. Il représente également les droits portés sur les immeubles. L'immeuble peut aussi être appréhendé comme un bien qui par nature ne peut être déplacé. L'on distingue trois types d'immeubles à savoir ; l'immeuble par nature, l'immeuble par destination et l'immeuble par l'objet auquel il se rapporte.

La loi fiscale présume faire partie de la succession du défunt, tous les biens immeubles appartenant à ce dernier, et pour lequel il détenait un titre de propriété au sens de l'article 544 du Code Civil. La propriété en matière immobilière est attestée par un titre de propriété appelé titre foncier.

La preuve du droit de propriété du défunt peut résulter, en premier lieu de l'application des règles de droit civil telles que :

- la règle de la propriété apparente (est propriétaire celui qui est désigné comme tel dans un acte). Ainsi l'on donne le nom de « théorie de la propriété apparente » à un ensemble de principes, consacrés par la jurisprudence, selon lesquels l'administration est fondée, pour la perception des droits, à tenir pour propriétaire véritable celui qui apparait comme tel aux yeux des tiers en vertu des clauses formelles de titres, de la loi ou de situations de fait résultant des agissements des redevables. L'impôt de mutation par décès frappe donc, d'une manière générale, tous les biens dont le défunt était propriétaire en vertu des titres apparents.[183]

- La théorie de l'accession, la preuve du droit de propriété du défunt peut également résulter des dispositions de l'article 546 du Code Civil

---

[182] Voir les articles 516-526 du code civil

[183] LEFEBVRE (F.), *Fiscalité des successions et des donations, op.cit.,* p.12

selon lesquelles la propriété d'une chose s'étend à ce qui s'y unit accessoirement, soit naturellement, soit artificiellement. Ainsi, les constructions, plantations et ouvrages existants sur un terrain sont légalement présumés faire partie de la succession du propriétaire du terrain, à moins qu'il ne soit prouvé qu'il a renoncé à son droit d'accession.[184]

En matière immobilière, la preuve du droit de propriété résultant des règles de droit civil est complétée par les présomptions fiscales de propriété. Il en est de même des biens meubles.

2. Les biens meubles du défunt

Au terme de l'article 527 du Code Civil, les biens sont meubles par leur nature, ou par la détermination de la loi.

Les biens meubles comprennent entre autres les meubles corporels (a) et les meubles incorporels ou par détermination de la loi (b).

a) Les meubles corporels ou meubles par nature

Les meubles par nature sont les biens corporels qui peuvent se transporter d'un lieu à un autre. Toute chose matérielle qui peut être déplacée[185]. La présomption de propriété du possesseur de meuble corporel est posée par l'article par l'article 2279 du Code Civil qui dispose : « en fait de meubles, la possession vaut titre ». Dans la catégorie des meubles corporels, l'on recense les meubles meublants (a.1) et les autres meubles corporels (a.2).

a.1) Les meubles meublants

Les meubles meublants[186] s'entendent des meubles destinés à l'usage et à l'ornement des appartements. Il s'agit entre autres des lits, des sièges, des tables, vaisselles, glaces, pendules, tapisseries, argenterie, porcelaines et autres objets de même nature. L'on dénombre également les tableaux, objets d'art ou meubles anciens qui constituent des meubles meublants, sauf s'il s'agit de collections placées dans des galeries ou des pièces particulières. En matière de droits de mutation par décès, la présomption de propriété du défunt doit s'appliquer. Le notaire doit s'assurer de la possession par le défunt.

---

184 *Ibid*, p. 13.

185 CORNU (G), (dir), *Vocabulaire juridique*, Association Henri CAPITANT, op.cit., p.657

186 Art. 534

a.2) Les autres meubles corporels

Parmi les autres meubles corporels, l'on peut citer les valeurs placées dans un coffre, celles-ci étant présumées appartenir au locataire du coffre. Dans le sillage des autres meubles corporels, l'on peut également recenser les bijoux et autres objets précieux. Les lingots et pièces d'or sont également intégrés dans cette catégorie. L'on recense également les véhicules, les liquidités et autres produits financiers.

b) Les meubles incorporels du défunt ou par détermination de la loi

D'après le lexique des termes juridiques[187], les biens incorporels sont des droits portant sur une chose mobilière par nature (droit réel, droit personnel, action en justice) ou des droits détachés de tout support matériel, mais que la loi considère arbitrairement comme des meubles (parts sociales, droits intellectuels...). Sont ainsi meubles par détermination de la loi, les obligations et actions qui ont pour objet des sommes exigibles ou des effets mobiliers, les actions ou intérêts dans les compagnies de finance, de commerce ou d'industrie. Ces actions ou intérêts sont réputés meubles à l'égard de chaque associé seulement, tant que dure la société. Les rentes perpétuelles ou viagères, soit sur l'État, soit sur des particuliers sont aussi des meubles par détermination de la loi[188]. L'on retiendra finalement sous cette rubrique les valeurs mobilières et créances (b.1), le fonds de commerce et clientèle (b.2), et de l'assurance vie (b.3).

b.1) Les valeurs mobilières et créances

La loi fiscale présume faire partie de la succession du défunt, les valeurs mobilières, les parts sociales et créances dont le défunt a eu la propriété, a perçu les revenus à raison desquels il a effectué une opération quelconque avant son décès. Cette présomption résulte d'ailleurs de l'article 752 du CGI français. Ainsi « *est réputé propriétaire des valeurs mobilières ou créances, au regard des droits de succession, celui qui a eu la propriété, en a perçu les revenus ou a effectué une opération quelconque sur ces biens moins d'un an avant son décès* ».

La présomption légale s'applique non seulement aux valeurs mobilières, aux biens ou droits placés dans un trust et aux parts sociales,

---

[187] GUINCHARD (S*)*, (dir), *Lexique des termes juridiques*, op. cit., p.729
[188] Art 529

mais aussi aux créances. À cet effet, le solde créditeur d'un compte bancaire constitue une créance présumée.

La présomption de propriété supporte la preuve contraire. Les éléments de preuve apportés par les héritiers (avis d'opéré, bordereau bancaire attestant de la vente des titres avant le décès) sont souverainement appréciés par les juges de fond.

L'administration peut demander aux héritiers et autres ayant-droits des éclaircissements ou des justifications au sujet des titres, valeurs et créances ainsi que des biens ou droits placés dans un trust et des produits qui y sont capitalisés, non mentionnés dans la déclaration de succession et qui sont présumés faire partie de la succession.

b.2) Le fonds de commerce et clientèle

Le fonds de commerce est constitué par un ensemble de moyens qui permettent au commerçant d'attirer et de conserver une clientèle.[189]Le fonds de commerce comprend nécessairement la clientèle et l'enseigne ou la clientèle et le nom commercial, sans préjudice du cumul de la clientèle avec l'enseigne et le nom commercial[190].

Le fonds de commerce peut comprendre différents éléments mobiliers, corporels et incorporels notamment les éléments suivants :

- les installations ;
- les aménagements et agencements ;
- le matériel ;
- le mobilier ;
- les marchandises en stock ;
- le droit au bail ;
- la licence d'exploitation ;
- les brevets d'invention, marque de fabrique et de commerce, dessins et modèles et tout autre droit de propriété intellectuelle nécessaire à l'exploitation[191].

Parlant de présomption, est réputé propriétaire d'un fonds de commerce ou d'une clientèle, pour la poursuite des droits

---

[189] Art. 135 Acte Uniforme du 15 décembre 2010 portant sur le droit commercial général

[190] Art 136

[191] Art 137.

d'enregistrement et sauf preuve contraire, celui qui apparait comme tel dans les actes ou écrits ou pour lequel il était inscrit au rôle des impôts locaux.

b.3) L'assurance vie en cas de décès

L'assurance sur la vie[192] est une convention au terme de laquelle une personne (l'assureur) s'oblige envers une autre (le contractant, souscripteur ou stipulant), moyennant une prestation unique ou périodique (la prime), à verser au contractant lui-même ou à un tiers désigné dans le contrat (le bénéficiaire) un capital ou une rente (l'indemnité) sous certaines éventualités dépendant de la vie ou de la mort de telle personne désignée (l'assuré).[193]

Les assurances sur la vie se divisent en deux catégories :

- l'assurance sur la vie par laquelle l'indemnité est stipulée pour le cas où l'assuré serait vivant à une date déterminée ; elle n'est pas susceptible de donner ouverture au droit de mutation par décès ;
- l'assurance en cas de décès par laquelle l'indemnité est stipulée exigible au cas du décès de l'assuré. C'est à cette catégorie d'assurance que sont consacrées les indications suivantes :

Assurance en cas de décès au profit du bénéficiaire déterminé ; les sommes stipulées payables lors du décès de l'assuré à bénéficiaire déterminé ou à ses héritiers ne font pas partie de la succession de l'assuré. Le bénéficiaire, quelles que soient la forme et la date de sa désignation est réputé y avoir seul droit à partir du jour du contrat même si son acceptation est postérieure à la mort de l'assuré.

Assurance en cas de décès au profit d'un bénéficiaire indéterminé ou du souscripteur ; l'indemnité stipulée au profit de bénéficiaires indéterminés ou du contractant fait partie d'après les règles de droit civil de la succession du contractant si elle a été souscrite sur la tête de ce dernier. Si l'indemnité a été stipulée sur la tête d'un tiers, au décès de celui-ci, elle est recueillie par le contractant sans mutation en droit civil, elle échappe donc aux droits de mutation par décès.

---

[192] Cf. Séminaire de formation du MINFI sur le thème « la maitrise des techniques et pratiques d'administration des droits de succession et de la curatelle », Douala du 25-26 janvier 2018, p.14

[193] Dossier Pratique, Fiscalité des successions et des donations, p.32

Le notaire, acteur majeur dans la liquidation des successions, doit maitriser toutes les présomptions légales et fiscales de la propriété des biens meubles et immeubles afin de pouvoir en déterminer les valeurs.

B- L'évaluation des biens du défunt

L'évaluation des biens du défunt est une phase déterminante pour le notaire. Il faut garder à l'esprit que les successions sont des actes translatifs de propriété et d'usufruit et sont de ce fait des actes soumis obligatoirement à la formalité d'enregistrement. Dès lors, les obligations prévues à cet effet par le CGI sont étroitement surveillées par l'administration fiscale. Les droits étant assis sur la valeur, tout l'intérêt est de maitriser cette phase. L'évaluation des biens est effectuée par les héritiers ou légataires et surtout par le notaire dans la déclaration de succession et soumise au contrôle de l'administration. En principe, les biens transmis sont évalués à leur valeur vénale réelle au jour du décès, qui constitue le fait générateur de l'impôt. Par exception à la règle d'évaluation à la valeur vénale, il existe pour certains biens des bases légales d'évaluation qui s'imposent aux déclarants. Ainsi, il revient de voir les méthodes d'évaluation des biens immeubles (1) et des biens meubles (2).

1. Les bases d'évaluation des biens immeubles

Les prélèvements des droits de succession sont assis sur la valeur des biens, d'où la problématique de l'évaluation de ces biens. En matière immobilière, les modalités d'évaluation accordent une place importante au principe de la libre déclaration (a), au recours à l'évaluation administrative (b) et à l'évaluation à dire d'expert (c).

a) Le principe de la libre déclaration de la valeur par le redevable réel ou légal

Les droits de succession sont assis sur la valeur des terrains et constructions telle que déclarée librement par les parties. Les notaires prennent en compte le prix estimé dans l'acte ou la valeur estimée par les parties lorsqu'il s'agit d'une mutation à titre gratuit. Cependant, la valeur déclarée est écartée pour le calcul des droits lorsqu'elle est minorée par rapport à la valeur vénale réelle. Dans ce sillage, l'on applique la mercuriale administrative des valeurs.

b) Le recours à l'évaluation administrative

Lorsque le prix ou l'estimation déclarée dans l'acte parait inférieur à la valeur vénale réelle, application de la valeur administrative est faite suivant les modalités fixées par voie réglementaire. Dans cette perspective, en cas de défaut de déclaration ou de minoration de valeur, la valeur administrative de l'immeuble est déterminée conformément aux dispositions de l'article 546 bis du CGI qui dispose *in fine* que nonobstant les dispositions des articles 324 et 325 ci-dessus, « *le prix ou l'estimation ayant servi de base à la perception du droit proportionnel, progressif ou dégressif parait inférieur à la valeur vénale des biens immeubles transmis en propriété, en usufruit ou en jouissance, ne peut être inférieur à celle résultant de l'application de la mercuriale administrative* ».

Au regard de ce qui précède, la procédure d'évaluation et de définition des droits de succession sur les biens immobiliers repose, en plus du système déclaratif, sur les modalités d'évaluation administrative des immeubles en matière fiscale. Cette méthode basée sur les déclarations du redevable réel ou légal n'assure pas l'intégralité et l'exhaustivité de l'assiette des impôts[194]. L'administration fiscale s'est aménagé une méthode alternative à travers le décret n° 2014/1881/PM du 04 juillet 2014, qui dispose en son article 2 que « *l'évaluation administrative s'applique en cas de minoration de la valeur vénale ou locative constatée dans les actes et déclarations déposés auprès de l'administration fiscale* ».

La méthode d'évaluation administrative est basée sur :

- le classement des villes, agglomérations et localités (classe des CTD) ;
- le classement des quartiers d'une ville en zone ;
- le classement des terrains en secteur dans une ville ;
- la détermination de grilles de valeur du mètre carré bâti et/ou du mètre carré non bâti par zone ou par secteur, indexé sur le marché foncier, le marché de la construction et le marché locatif ;
- et l'utilisation de coefficient de pondération en fonction de l'existence de commodités urbaines.

[194] NKAKE EKONGOLO (D-B), *Cours de fiscalité immobilière, op. cit.*, p. 17.

c) L'évaluation à dire d'expert

En cas de désaccord sur l'évaluation administrative susvisée, les parties peuvent recourir à l'expertise, par simple requête au tribunal civil dans le ressort duquel les biens sont situés ou immatriculés[195].

En somme, le principe est celui de la libre déclaration de la valeur par le redevable, mais en cas de minoration, il y a application de la mercuriale administrative des valeurs avec possibilité, en cas de désaccord, de solliciter l'évaluation à dire d'expert.

La procédure d'évaluation des biens immobiliers est largement simplifiée par l'évaluation administrative, mais tel n'est pas le cas dans l'évaluation des biens meubles.

2. Les bases d'évaluation des biens meubles

En principe, les biens transmis sont évalués à la valeur vénale réelle au jour du décès, qui constitue le fait générateur de l'impôt. Par exception à la règle d'évaluation à la valeur vénale (a), il existe pour certains biens des bases légales d'évaluation qui s'imposent aux déclarants (b).

a) L'évaluation sur la base de la valeur vénale

La valeur vénale, qui n'est pas définie par la loi, est une valeur de marché. Elle correspond au prix que le jeu normal de l'offre et de la demande permettrait au propriétaire de retirer de la vente d'un bien déterminé, compte tenu des données du marché, des particularités physiques, juridiques et économiques de ce bien, abstraction faite de toute valeur de convenance. En tant que valeur de marché, elle exprime le prix qui serait stipulé dans une transaction se déroulant dans des conditions idéales[196].

La définition ainsi retenue participe d'une conception objective de la valeur (valeur d'échange) et non d'une conception subjective (valeur de convenance ou d'utilisation). Ainsi, seuls sont à prendre en compte pour l'estimation d'un bien les éléments réels d'appréciation[197].

La valeur vénale d'un bien meuble peut être déterminée de différentes façons. La loi n'impose aucune méthode particulière, sauf

---

[195] Art. 546 (2), CGI.
[196] *Dossier pratique, Fiscalité des successions et des donations*, *op cit.*, p. 115
[197] *Dossier pratique, Fiscalité des successions et des donations*, *op cit.*, p. 115.

les meubles meublants où le forfait de 5 % de l'ensemble des autres biens héréditaires est retenu.

Cependant, la jurisprudence et la doctrine administrative considèrent que la valeur vénale du fonds de commerce et autres meubles doit, sauf cas exceptionnel, obligatoirement être déterminée par comparaison avec des cessions en nombre suffisant de biens intrinsèquement similaires, d'autres méthodes d'évaluation (notamment par le revenu ou par le réajustement d'une valeur antérieure) pouvant être utilisées à titre de recoupement.

Quant aux titres de sociétés non cotées en bourse pour lesquels la méthode d'estimation par comparaison est rarement utilisable, ils sont généralement évalués par combinaison de différentes méthodes permettant d'apprécier la valeur de l'entreprise (valeur mathématique, valeur de rendement, valeur de productivité...).

Quelles que soient la nature des biens et la méthode utilisée, l'estimation obtenue doit, le cas échéant, être ajustée pour tenir compte des facteurs susceptibles d'affecter la valeur vénale du bien transmis.

Les principales méthodes d'évaluation sont nombreuses[198] ; outre la méthode par comparaison, l'on recense également :

- l'évaluation par le revenu, cette méthode est souvent employée pour les immeubles de rapport. Elle conduit à prendre en considération le prix du loyer auquel on applique un taux de capitalisation approprié ;
- l'évaluation par réajustement d'une valeur antérieure, cette méthode consiste à appliquer au prix (ou valeur) pratiqué à l'occasion d'une mutation antérieure d'un bien donné un coefficient destiné à représenter l'évolution du marché des biens de même nature depuis la date de cette mutation ;
- l'évaluation par application des barèmes professionnels, pour les fonds de commerce et biens assimilés, il est souvent fait application – en complément de la méthode par comparaison lorsque celle-ci est applicable – de barèmes d'évaluation par professions. Ces barèmes permettent généralement d'apprécier la valeur d'un fonds à partir du chiffre d'affaires moyen des trois dernières années ;

---

[198] *Ibid*, p.116 et s.

- l'évaluation à partir des données comptables, cette méthode est généralement utilisée pour l'évaluation des titres de sociétés non cotées en bourse. L'élément essentiel est constitué par la valeur mathématique ou la valeur intrinsèque du titre.

b) Les bases légales d'évaluation des biens meubles du défunt

Au terme de l'article 280 du CGI, la valeur pour le paiement des droits proportionnels, progressifs et dégressifs est déterminée ainsi qu'il suit :

- pour les créances à terme, leur cession, transport et actes obligatoires, la valeur est déterminée par le capital exprimé dans l'acte qui en fait l'objet[199].
- pour les transmissions entre vifs à titre gratuit et pour les mutations des biens par décès, le droit est liquidé d'après une estimation par les parties ou par voie d'expert insérée à l'acte ou à la déclaration de la valeur des biens transmis au jour de la mutation[200]
- dans le cas de mutation par décès, la valeur des meubles meublants ne peut être inférieure à 5 % de l'ensemble des autres biens composant l'actif de succession. Ce forfait joue en cas de déclaration estimative. Lorsque le défunt est marié sous un régime de communauté, la base de calcul du forfait comprend ses biens propres, son excédent de reprise et sa part dans l'actif brut de communauté, après imputation des récompenses dues à celle-ci.
- Lorsque les sommes ou valeurs devant servir à l'assiette de l'impôt ne sont pas déterminées dans les actes ou jugements, les parties sont tenues d'y suppléer par une déclaration estimative et détaillée, souscrite, certifiée et signée au pied de l'acte ou remise au greffier pour les jugements. En cas de besoin, ces sommes ou valeurs peuvent être déterminées par voie d'expertise[201].

---

[199] Art. 283 du CGI.
[200] Art. 297 du CGI.
[201] Art. 298 du CGI.

Paragraphe II : La détermination du passif déductible du défunt

Le notaire tout en sachant être solidairement responsable des droits, amendes et pénalités devra pour la détermination de l'actif net successoral, maitriser la détermination du passif déductible du défunt. À ce titre, l'on verra les dettes déductibles (A) et les autres déductions autres que les dettes (B).

A- Les dettes déductibles

Les dettes du défunt pour être déductibles doivent obéir à un certain nombre de conditions. Ainsi, pour être déductibles, les dettes doivent être existantes et certaines (1) et pouvoir être prouvées (2).

1. Les dettes existantes et certaines

En principe, seules les dettes à la charge personnelle du défunt au jour de l'ouverture de la succession sont déductibles de l'actif successoral[202].

Dans ce sillage, les dettes nées après le décès ne peuvent pas en principe être déduites de l'actif successoral. Elles sont à la charge des héritiers ou des légataires. Par exception, certaines dettes sont déductibles bien que nées après le décès. Sont notamment concernées :

- les frais funéraires, pour un montant dument justifié ; il est admis que constituent de tels frais (les frais d'inhumation et de la cérémonie qui l'accompagne, les avis d'obsèques, les billets d'invitation et de remerciements, l'achat et pose des emblèmes religieux sur la tombe, l'acquisition d'une concession dans un cimetière, la construction, l'ouverture et la fermeture d'un caveau, les frais de transport du corps) ;
- les frais d'ouverture du testament ;
- les frais de reconstitution du titre foncier ;
- Les dettes pour être déductibles doivent aussi être certaines. Il n'est pas nécessaire que la dette soit exigible. Il suffit qu'elle soit certaine dans son principe à la date du décès. Néanmoins, la déduction ne peut intervenir que lorsque le montant de la dette est définitivement arrêté.

---

[202] Art. 299 du CGI.

Les dettes dont l'existence est incertaine à la date du décès ne sont pas déductibles. Il en est ainsi des dettes soumises à une condition suspensive ou des dettes litigieuses. Ainsi, n'est pas déductible de l'actif successoral, faute d'être une dette certaine à la date du décès ; un redressement fiscal contesté par le contribuable, aussi longtemps qu'il reste litigieux.

2. La preuve de la dette

La charge de la preuve incombe aux héritiers. C'est à eux de justifier de l'existence au jour du décès de la dette dont ils demandent la déduction, et non à l'administration de prouver l'extinction de la dette. L'existence de la dette doit être établie par les modes de preuve compatibles avec la procédure écrite, c'est-à-dire par des actes ou des écrits ou encore par des présomptions suffisamment graves, précises et concordantes. En revanche, la preuve par témoignage ou l'aveu des héritiers est exclu.

Les dettes dont la déduction est demandée doivent être détaillées, article par article, dans un inventaire certifié par le déclarant et annexé à la déclaration. Pour les dettes résultant d'actes authentiques, les héritiers de concert avec le notaire doivent indiquer la date de l'acte, le nom et la résidence de l'officier public qui l'a reçu. Pour les autres dettes, ils doivent présenter les titres, actes ou écrits que le créancier ne peut se refuser à communiquer sous récépissé, sous peine de dommages-intérêts.

En pratique, l'administration fiscale recommande à ses agents d'exiger une attestation du créancier pour toutes les dettes importantes, même résultant d'actes sous seing privé apparemment réguliers, ainsi que pour celles dont l'absence de remboursement antérieur au décès n'est pas absolument certaine.

La preuve des dettes commerciales est apportée conformément aux règles de droit commercial. Elle peut résulter des livres de commerce ou de la correspondance commerciale. L'existence des dettes commerciales du défunt peut être justifiée en invoquant une comptabilité correctement tenue par ses créanciers. Les livres de commerce du défunt peuvent être produits comme justificatif lors du contrôle de la déclaration par l'administration.

B- Les déductions autres que les dettes

Il importe de faire l'inventaire des déductions autres que les dettes (1) et la preuve de leur existence (2).

1. L'inventaire des déductions autres que les dettes

Ces déductions concernent les sommes ou des valeurs qui sont censées ne pas faire partie de la succession[203], et qui ne peuvent donc être transmises à titre héréditaire soit parce que le défunt les en avait détachées par acte entre vifs ou de dernière volonté, soit parce qu'il les détenait à titre précaire. L'on peut citer entre autres, les sommes ou valeurs détachées du patrimoine du défunt :

- les legs, déjà soumis au droit de mutation entre vifs ;
- les sommes données entre vifs et non payées au décès du donateur ; ces sommes ont déjà supporté le droit de donation (règle du *non bis in idem*) ;
- les sommes et valeurs détenues à titre précaire ; valeur détenue par le défunt comme usufruitier.

2. La preuve légitimant les déductions

En l'absence des règles particulières, la légitimité desdites déductions peut résulter de tout mode de preuve compatible avec la procédure écrite, et notamment des papiers domestiques ou d'actes postérieurs au décès.

L'administration fiscale conserve le pouvoir de rectifier les déductions, si elle estime que les justifications produites sont insuffisantes.

Section II : Les obligations de liquidation et de paiement des droits de succession dans les délais

La liquidation correspond à la phase de calcul de l'imposition, ultime étape avant son recouvrement[204]. La liquidation des droits de succession est une opération complexe. Le redevable légal qui est le notaire est

---

[203] *Dossier pratique, Fiscalité des successions et des donations, op cit.,* p. 117 et s ; NKAKE EKONGOLO (D-B), *Cours de fiscalité immobilière, op. cit.,* p. 17 ; MATOUKAM DEFFO (G-A), Le régime fiscal de l'imposition des successions au Cameroun, Mémoire Master II, Université de Douala, 2015/2016, pp. 18 et s.

[204] LAMARQUE (J), NEGRIN (O), AYRAULT (L), *Droit fiscal général, op.cit.,* p. 623.

tenu de procéder à la liquidation de cette imposition. La liquidation des droits de succession procède de nombreuses corrections avant l'application d'un tarif à la base imposable. Il importe donc de voir d'abord les modalités de liquidation des droits de succession (paragraphe1), et ensuite les modalités pratiques de paiement de ces droits (paragraphe 2).

Paragraphe I : Les modalités de liquidation des droits de succession

Les droits de succession sont calculés sur la part nette revenant à chaque héritier ou légataire non exonéré[205]. Cette part nette est déterminée en faisant application des règles de la dévolution successorale et en tenant compte, s'il en existe, des dispositions à cause de mort prises par le défunt.

La part nette des héritiers est diminuée d'un ou plusieurs abattements forfaitaires. L'on obtient alors la base de calcul de l'impôt sur laquelle sont appliqués les tarifs des droits de succession dont le barème est progressif en fonction des tranches.

Pour mieux saisir la liquidation des droits de succession, il faudra prendre en compte le régime matrimonial (A), ressortir les différents abattements (B) et le tarif applicable (C).

A- La prise en compte du régime matrimonial

Lorsque le défunt est une personne mariée, la consistance de son patrimoine dépend de la nature de la convention matrimoniale existant entre lui et son conjoint. Les notaires doivent donc indiquer le régime matrimonial adopté par le défunt. Dans cette rubrique, il faudra apprécier l'incidence du régime de la communauté des biens (1) et l'incidence du régime de la séparation des biens (2).

1. L'incidence du régime de la communauté des biens

Dans le régime de la communauté des biens, l'actif de la succession constitue les biens de la communauté dont chacun des conjoints ne détient que la moitié ; en conséquence, la part aliénée à la dissolution

---

205 BEIGNIER (B), DO CARMO SILVA (J-M), FOUQUET (A), *Liquidation de régimes matrimoniaux et de successions*, Lextenso édition, 4e éd, Paris, 2013, p.21 ; MATOUKAM DEFFO (G-A), *Le régime fiscal de l'imposition des successions au Cameroun, op. cit.*, pp. 20 et s.

de la communauté n'est que la moitié ayant appartenu au défunt. Sous le régime de communauté, il existe trois masses de biens. Les biens communs et les biens propres de chaque époux. À la liquidation de la communauté, chaque époux fait la reprise de ses biens propres et les biens communs sont partagés par moitié entre les époux[206]. A l'occasion du décès d'un époux, dans le cadre de la liquidation de la communauté, celle-ci est alors partagée entre le survivant et la succession du prédécédé. Pour les besoins de liquidation de la succession, l'actif net successoral ou boni de communauté doit être divisé par deux parties dans le cadre d'un régime de communauté.

2. L'incidence du régime de la séparation des biens

Parler d'incidence du régime de la séparation des biens sur la liquidation des successions peut paraître paradoxal. A priori, la dissolution de ce régime conventionnel ne nécessite pas de liquidation puisque par définition, il n'y a aucune masse commune de biens.

Pourtant, en pratique, la dissolution impose une liquidation. La vie commune des époux rend difficile une séparation totale et claire des patrimoines respectifs. Le plus souvent, le propriétaire de tel ou tel meuble ne sera pas identifiable, sauf si une comptabilité est soigneusement tenue. C'est au moment de la dissolution que les règles de preuve vont servir à rétablir la propriété des biens. Là apparait une autre difficulté. À défaut de preuve par un époux de la propriété exclusive, le bien est présumé appartenir indivisément pour moitié aux deux époux.[207] En édictant une présomption légale d'indivision, la loi favorise une certaine communauté d'intérêt pécuniaire, laquelle devra être liquidée.

Ainsi, dans le cadre d'une succession, l'exercice consistera une fois recomposé le patrimoine des époux, actif comme passif, à établir un compte relatif aux créances entre les époux, à partager les biens indivis et à liquider la société d'acquêts s'il en a été contractée une[208].

---

206 Art. 1467 et 1475 du Code civil.

207 Art 1583 al3 du Code civil.

208 BEIGNIER (B), DO CARMO SILVA (J-M), FOUQUET (A*), Liquidation de régimes matrimoniaux et de successions*, *op. cit.*, p.21.

B- Les différents abattements dans le cadre de la liquidation des successions

Une fois l'actif successoral ou le boni de communauté déterminé, l'on peut ressortir la part successible en fonction du nombre de personnes dans la communauté ; c'est cette part qui doit être soumise au droit de mutation par décès. L'impôt qui en découle est donc appelé impôt théorique parce qu'il subira des retraitements et des abattements quand il sera affecté aux redevables réels que sont les conjoints, les enfants et autres. L'on verra donc les abattements du conjoint survivant et autres héritiers en ligne directe (1), les abattements des enfants et autres en ligne collatérale (2).

1. L'abattement du conjoint et autres héritiers en ligne directe

L'impôt à la charge du ou des conjoints survivants ou des héritiers en ligne directe (père, mère, fille, petits-fils, etc.) bénéficie d'une réduction de 75 % avec un maximum de 30 000 pour chaque ayant droit en ligne directe et de 30 000 francs pour le conjoint ou l'ensemble des épouses en cas de polygamie[209].

L'abattement est personnel. Si la part nette dévolue à un ayant droit ne lui permet pas d'utiliser l'intégralité de son abattement, l'excédent ne peut pas être imputé par un autre ayant droit.

2. L'abattement en ligne collatérale ou autres

Les héritiers en ligne collatérale ou autres bénéficient également d'une réduction de l'impôt de 10 % par enfant à charge (mineur ou infirme) avec un maximum de 50 %.

Les héritiers en ligne directe ou conjoint survivant peuvent bénéficier de cette deuxième réduction calculée sur l'impôt réduit[210].

L'abattement en ligne directe peut se cumuler éventuellement avec celui prévu en faveur des handicapés et des mineurs.

C- Le tarif ou barème applicable

L'imposition des droits de mutation par décès est une imposition progressive. La spécificité réside pour une même assiette, l'existence d'une pluralité de tarifs formant un barème. Le tarif augmente avec la base d'imposition. Une imposition progressive permet de tenir compte

---

[209] Art. 544 b2 du Code général des impôts

[210] *Idem*.

de la capacité contributive des contribuables. La progressivité va de pair avec l'idée de justice fiscale dont elle constitue le principal vecteur[211]. Ainsi les barèmes de droits de mutation par décès sont fixés comme suit :[212]

- tranche de 500 001 à 200 000 de francs 2 % ;
- tranche de 200 001 à 5000 000 de francs 5 % ;
- tranche de 5000 001 à 10 000 000 de francs 8 % ;
- tranche au-delà de 10 000 000 de francs 10 %.

Par ailleurs, l'on doit prendre en compte la valeur de la nue- propriété et de l'usufruit. Ainsi, la valeur de la nue-propriété et de l'usufruit des biens meuble et immeuble est déterminée pour la liquidation et le paiement des droits en fonction de l'âge de l'usufruitier ainsi qu'il suit :

Âge de l'usufruitier	**Valeur de l'usufruit par rapport à la valeur de la pleine propriété**	**Valeur de la nue-propriété par valeur de la pleine propriété**
Moins de 20 ans	7/10e	3/10e
De 20 ans à 30 ans	6/10e	4/10e
De 30 ans à 40 ans	5/10e	5/10e
De 40 ans à 50 ans	4/10e	6/10e
De 50 ans à 60 ans	3/10e	7/10e
De 60 ans à 70 ans	2/10e	8/10e
Au-delà de 70 ans	1/10e	9/10e

****Tableau des tarifs ou barèmes applicables en fonction de l'âge de l'usufruitier***

[211] LAMARQUE (L), NEGRIN (O), AYRAULT (L), *Droit fiscal général*, *op. cit.*, p.629
[212] Art. 544 b2 du CGI

À la suite de ce tableau, la loi dispose que la veuve est usufruitière de ¼ du boni de communauté, et cet usufruit est évalué suivant le tableau ci-dessus[213].

Paragraphe II : L'obligation de paiement des droits successoraux

Une fois réglée la question de la désignation des héritiers et de l'entrée en possession des biens héréditaires par ceux-ci, il doit être procédé à la déclaration et au paiement des droits de succession. Le notaire en sa qualité de redevable légal est soumis à l'obligation de paiement et de dépôt de l'acte auprès des services fiscaux avant l'octroi d'une quelconque formalité[214]. Aussi, avant de s'appesantir sur les modalités de paiement des droits de succession (B), il serait important pour nous de voir la forme et le contenu de la déclaration (A).

A- La forme et le contenu de la déclaration

La déclaration de succession[215] est faite sur un modèle spécial fourni gratuitement par l'administration en trois exemplaires au moins ; ou disponible sur le site de la DGI à l'adresse www. impots.cm. Lorsque les immeubles dépendant de la succession sont situés dans les circonscriptions autres que celles du lieu d'enregistrement, ils doivent faire l'objet de déclaration en double exemplaire dont un exemplaire pourra être transféré au centre des impôts de la situation desdits immeubles en « envoi extérieur ». Il est donc intéressant de voir les personnes tenues de souscrire la déclaration (1), les délais de dépôt de la déclaration (2).

1. Les personnes tenues de souscrire la déclaration

La déclaration de succession peut être souscrite par les divers successibles. Il s'agit entre autres : des héritiers, des donataires, des légataires, ou par le conjoint survivant ou tout simplement par le curateur d'office ou l'administrateur provisoire. Lorsque le notaire est saisi pour la liquidation de la succession, il lui revient l'obligation de souscrire la déclaration. Les divers assujettis peuvent d'ailleurs se réunir pour souscrire une déclaration unique portant sur l'intégralité de la succession. Tout assujetti peut également, par pouvoir spécial,

---

213 Art. 301 du CGI

214 Art. 304, 305 du CGI

215 Séminaire du 25 au 26 mai, *op.cit.* p.7.

constituer un mandataire à l'effet de souscrire sa déclaration. La déclaration doit contenir des informations qui renseignent sur :

- l'identité du défunt ;
- la date du décès ;
- les personnes laissées pour lui succéder ;
- le lien de parenté ;
- les dates et lieux de naissance de ces personnes ;
- les dispositions testamentaires du défunt ;
- éventuellement des dispositions de son contrat de mariage ;
- le rappel des donations antérieurement consenties par le de cujus aux héritiers légataires et donataires ;
- l'estimation de l'actif successoral et éventuellement du passif qui le grève ;
- l'énumération et la justification des dettes dont la déduction est demandée.

La déclaration de sincérité est également à mentionner dans l'acte conformément à l'article 371 du CGI[216].

Elle sera signée du déclarant ou alors en cas d'incapacité, il apposera simplement ses empreintes digitales au pied de la déclaration.

2. Les délais de dépôt de la déclaration

Le délai de dépôt de la déclaration d'une succession est de un (01) an à compter du jour de décès pour les biens meubles et immeubles situés au Cameroun et pour les biens meubles incorporels situés à l'étranger lorsque le domicile du de cujus est au Cameroun[217].

Ce délai est de six (06) mois à compter du décès du testateur pour les testaments déposés ou non chez un notaire, à la diligence des héritiers, donataires, légataires ou exécuteurs testamentaires.[218] Cette

---

[216] Selon l'Art 371 CGI, *« Le déclarant affirme sincère et véritable la présente déclaration ; il affirme, en outre sous peine de sanctions légales, que cette déclaration comprend l'argent comptant, les créances et les autres valeurs mobilières dans la CEMAC ou étrangères qui à sa connaissance, appartenaient au défunt soit en totalité, soit en partie »*.

[217] Art. 279 du CGI

[218] Art. 276 al4 et 558 du CGI

précision permet de comprendre que le fait de faire valoir un testament ne dispense pas de l'obligation de déclarer une succession.

Les mutations par décès doivent faire l'objet d'une déclaration détaillée et estimative au centre des impôts compétent. Il s'agit du CSPPLI pour les notaires établis dans les départements du MFOUNDI et du WOURI ; le centre des impôts de rattachement pour les autres notaires.

La prescription qui court contre l'administration pour la demande des droits de mutation par décès est de dix (10) ans.[219]

Ainsi, une déclaration faite au-delà des limites de la prescription est enregistrée comme un acte innomé au droit fixe de 12 000 francs, majoré d'une pénalité égale à un droit en sus quelle que soit la valeur de l'actif successoral.

B- Les modalités de paiement des droits de succession

Les droits de succession sont payés par les héritiers et/ou légataires. Il y a solidarité entre les cohéritiers, sauf ceux qui sont exonérés de droits de succession. L'administration peut donc réclamer la totalité des droits à l'un quelconque d'entre eux, à condition toutefois d'avoir d'abord notifié un avis de recouvrement à celui qu'elle entend poursuivre. Les droits de succession doivent normalement être payés au comptant au moment du dépôt de la déclaration (1), toutefois, les redevables peuvent bénéficier d'un paiement différé ou fractionné des droits (2).

1. Le paiement par virement bancaire

Pour tous les actes passés par devant notaire, l'octroi de la formalité est conditionné par le paiement préalable des droits et taxes dus[220]. Le paiement s'effectue exclusivement par virement bancaire au profit du receveur des impôts. Ainsi, muni de l'attestation de virement et de l'avis d'imposition téléchargés dument revêtus du cachet de la banque, le notaire se rend auprès de la recette d'impôt pour les formalités de paiement de mutation pour décès.

---

[219] Art. 560 du CGI

[220] Art. 304 et 305 du CGI

2. Le paiement fractionné ou différé des droits de succession

Sous certaines conditions, les droits de succession peuvent faire l'objet d'un paiement fractionné ou différé[221]. Lorsque la liquidité héréditaire ne permet pas de payer totalement les droits liquidés, une demande de fractionnement des droits peut être adressée au Directeur général des impôts. Les droits de mutation pourront, dès réception de la décision autorisant le fractionnement, être payés en deux tranches : la première, au plus tard, un mois après l'accord de fractionnement, la deuxième et dernière tranche, au plus tard, trois (03) mois après le délai de souscription de la déclaration de succession. Le non-respect de cette prescription expose au paiement d'une pénalité égale au droit compromis.[222]

La liquidation des successions exige des connaissances approfondies, mais quelques exemples d'application[223] permettront de mieux maîtriser cette technique de liquidation.

Premier exemple d'application

Monsieur Mathieu BARGATA, militaire retraité, domicilié à Douala, marié sous le régime de la communauté des biens décède le 12 janvier 2001 à l'âge de 76 ans.

Le défunt laisse pour lui succéder :

Une veuve ; Martine NDEMAGA, âgée de 64 ans

Quatre enfants ;

Jean-Pierre BARGATA, 34 ans

Solange BARGATA, 26 ans

Laurent BARGATA, 23 ans

Sylvie BARGATA, 15 ans

Les biens du de cujus sont les suivants :

Un terrain non bâti situé à Bonabéri-Douala IV d'une superficie de 627 m² estimé à 5 250 000 FCFA.

---

[221] Art. 315 du CGI.

[222] Art. 320 du CGI.

[223] Ces exemples sont tirés du livre de EKWALA (M), *Traité des droits d'enregistrement, du timbre et de la curatelle : le cas du Cameroun*, *op. cit.*, pp. 86-90.

Un terrain bâti situé à Bonapriso-Douala 1er d'une superficie de 690 m² estimé à 19 720 000 F CFA

Un compte bancaire à la SCB-Crédit Lyonnais N° 0050007142XL d'un solde créditeur de 1 257 000 F CFA

Monsieur Jean-Pierre BARGATA administrateur des biens suivant jugement d'hérédité N° 914/2001/2002 du 14 septembre 2001 établi par le tribunal de 1er degré de Douala, soumet la présente déclaration au centre divisionnaire des impôts de Douala VII le 2 octobre 2001 et l'atteste sincère et véritable.

- Quelle est l'issue fiscale réservée à cette succession ?

Liquidation

*Valeur de l'actif brut :	5 250 000
	+ 19 720 000
	+ 1 257 000
	= 26 227 000
+ Forfait mobilier (art. 297 du CGI)	+1 311 350
	= 27 538 350

- Actif net imposable (boni de communauté) :

$$\frac{27\,358\,350}{2} = 13\,769\,175$$

- Impôt théorique : (art 348 et 544 B-b d

0	à	500 000		= néant
500 001	à	2 000 000	2 %	= 30 000
2 000 001	à	5 000 000	5 %	= 150 000
5 000 001	à	10 000 000	8 %	= 400 000
10 000 001	à	13 769 175	10 %	= 376 918
				= 956 918

L'article 267 du CGI dispose que : « les droits sont assis sur les sommes et valeurs arrondies au millier de francs supérieurs ». Soit : 957 000

- Part des parties :

La veuve est usufruitière de ¼ de la succession

a)- part de la veuve âgée de 64 ans.

$\frac{1}{4} \times \frac{2}{10} = \frac{2}{40}$

b)- part des enfants :

$$1 - \frac{2}{40} = \frac{38}{40}$$

- Impôt à payer :

a)- par la veuve :

$957\,000 \times \frac{2}{40} = 47\,850$

1ere réduction : (art. 544B-2 du CGI).

47 850 – (75 % x 47 850) = 17 850

Max : 30 000

2eme réduction :

17 850 - (10 % x 17 850) = 16 065 arrondi à 16 070

b)- par les enfants :

$957\,000 \times \frac{38}{40} = 909\,105$

1ere réduction : (art. 544B-2 du CGI

909 150 – (75 % x 909 150) = 789 150

Max : 4 x 30 000 = 120 000

2e réduction : le défunt n'a pas laissé des petits enfants mineurs ou infirmes.

Récapitulation : Droits simples 16 070 + 789 150 = 805 220

Timbre de dimension : 500 x 3 = 1 500

Montant total à acquitter au trésor public : 806 720

2ème exemple d'application :

Monsieur Laurent KONATE, douanier retraité, domicilié à Déido-Douala 1er, marié sous le régime de la communauté des biens décède à Douala le 15 mai 1999 à l'âge de 73 ans.

Le défunt laisse pour lui succéder :

Une veuve, Laurentine FABILE, âgée de 64 ans.

Quatre enfants :

Solange KONATE,	38 ans
Alfred KONATE,	32 ans
Richard KONATE,	27 ans
Jacques KONATE,	25 ans

Les biens du de cujus sont les suivants :

- Un terrain bâti de 350 m² situé à Bonadoumbè estimé à 13 500 000 FCFA
- Un terrain bâti de 475 m² situé à Bonapriso estimé à 17 200 000 FCFA
- Un terrain non bâti de 900 m² situé à Bonabéri estimé à 5 250 000 FCFA
- Un compte bancaire SGBC N° 002000015618WZ d'un solde créditeur de 1 800 000 F CFA

Monsieur Alfred KONATE, administrateur des biens suivant jugement d'hérédité N° 42/99/00 du 16 juillet 1999 établi par le tribunal du 1er degré de Douala, soumet la présente déclaration au centre divisionnaire des impôts de Douala VII le 7 septembre 2001 et l'atteste sincère et véritable.

- Quelle est l'issue fiscale réservée à la présente déclaration de succession ?

Liquidation

- Valeur de l'actif brut :

		13 500 000
	+	17 200 000
	+	5 250 000
	+	1 800 000
		37 750 000
+ Forfait mobilier (5 % art. 297 du CGI)		1 887 500
		39 637 500

- Actif imposable (boni de communauté) :
- $\frac{39\,637\,500}{2} = 19\,818\,750$
- Impôt théorique : (art. 85 et 348 et 544 B-b du CGI)

0	à	500 000	=	néant	
500 001	à	2 000 000	=	2 %	30 000
2 000 001	à	5 000 000	=	5 %	150 000
5 000 001	à	10 000 000	=	8 %	400 000
10 000 001	à	19 818 750	=	10 %	981 875
					1 561 875

arrondis 1 562 000

- Parts des parties :

La veuve est usufruitière de ¼ de la succession.

a)- part de la veuve âgée de 64 ans :

$$\frac{1}{4} \times \frac{2}{10} = \frac{2}{40}$$

b)- part des enfants

$$1 - \frac{2}{40} = \frac{38}{40}$$

- Impôt à payer

a)- par la veuve

$$1\,562\,000 \times \frac{2}{40} = 78\,100$$

1ere réduction : (art. 544 B-b du CGI)

78 100 – (75 % x 78 100) = <u>48 100</u>

Max : 30 000

2ème réduction : (néant) ; le de cujus n'a pas laissé d'enfants mineurs ou infirmes.

b)- par les enfants :

$$1\,562\,000 \times \frac{38}{40} = 1\,483\,900$$

1ere réduction : (art. 544 B-b du CGI)

1 483 900 – (75 % x 1 483 900) =1 363 900

Max : 4 x 30 000 = 120 000

2ème réduction : néant ; pas de petits-enfants mineurs ou infirmes.

<u>Récapitulation :</u>

Droits simples : 48 100 + 1 363 900	=	1 412 000
Pénalités encourues (un droit en sus : art. 279 et 322 du CGI)	=	1 412 000
Timbre de dimension : 500 x 3	=	<u>1 500</u>
Montant à acquitter au trésor public		<u>2 825 500</u>

Conclusion chapitre II

La culture de la fiscalité des successions se diffuse et devient de plus en plus importante au fur et à mesure que les opérations de succession prennent de l'ampleur. Le droit de succession renvoie à un impôt prélevé sur la transmission du patrimoine d'une personne physique à une autre lors du décès aux héritiers. Ainsi, la transmission du patrimoine au plan fiscal constitue un ensemble d'opérations nécessitant une bonne connaissance des règles juridiques et fiscales[224]. L'Etat reste regardant du sort fiscal de ces opérations de transmission de patrimoine pour cause de mort. Contrairement aux transactions immobilières privées, le notaire n'a pas l'exclusivité de liquidation des opérations de succession. Aussi, lorsque le notaire est sollicité, il a l'obligation de maitriser les règles spécifiques de détermination de l'assiette taxable à travers la détermination de l'actif brut, le passif déductible et l'actif net. Tout ceci faisant suite à l'inventaire des biens meubles et immeubles du défunt, situés au Cameroun et dans une moindre mesure à l'étranger.

En outre, le notaire a l'obligation de maîtriser non seulement les délais de la déclaration de la succession, mais aussi, les règles de liquidation et de paiement des droits de succession.

Dans tous les cas, le notaire qui aura reçu un acte constatant l'acquisition des droits réels immobiliers dépendant d'une succession sera solidairement responsable des droits, pénalités et amendes[225].

---

224 MATOUKAM DEFFO (G-A), *Le régime fiscal de l'imposition des successions au Cameroun, op. cit.*,, pp. 40 et s

225 Art. 399 (3) du CGI.

Conclusion de la première partie

L'activité notariale est régie au Cameroun non seulement par le décret n° 95/034 du 24 février 1995 portant statut et organisation de la profession de notaire, mais également par le règlement intérieur de la chambre nationale des notaires du Cameroun, approuvé par arrêté n° 89/DJP/08/MJ du 04 aout 2005, rendant exécutoire ledit règlement, signé par le ministre de la Justice, Garde des Sceaux.[226] Ces différents textes assujettissent le notaire aux nombreux devoirs[227] et règles déontologiques[228] relevant de sa profession.

Dans le cadre de la sous-traitance fiscale, l'activité notariale est également encadrée par le Code Général des Impôts et divers textes législatifs et réglementaires qui définissent les obligations fiscales découlant des actes passés par devant notaire.

Dans cette perspective, en ce qui concerne les transactions en matière immobilière et successorale, le notaire a l'obligation de prélever les différents impôts qui grèvent ces opérations. Ainsi, dans le souci de préserver les intérêts financiers de l'État, le législateur fiscal a fait du notaire un redevable légal en matière immobilière et successorale.

Le notaire, agissant comme redevable légal devra prélever les droits d'enregistrement, la plus-value, la taxe foncière, la TVA immobilière, le droit de succession, la redevance foncière et le droit de timbre. Il est par conséquent, tenu de maîtriser les techniques fiscales relatives à la détermination de l'assiette fiscale, de maîtriser également les modalités d'évaluation de la matière taxable et les techniques juridiques et fiscales de liquidation et de paiement de ces différents impôts et taxes.

---

[226] Il faut compléter ces textes par la loi n° 61/20 du 27 juin 1961 relative aux actes notariés, le décret n° 79/017 du 13 janvier 1979 relatif aux transactions immobilières privées, le décret n° 93/038 du 28 février 1995 fixant le tarif des actes notariés

[227] L'on peut citer le devoir de conseil, le devoir d'information, le devoir d'expertise et autres. MBANDJI MBENA (E), *Déontologie de la profession notariale,* Cours Magistral, Université de Douala, 2016-2017, p. 19.

[228] Les exigences de probité et d'intégrité, l'exigence d'impartialité et d'indépendance. Voir, MBANDJI MBENA (E), ibid, p. 20.

Au final, l'un des multiples rôles incombant au notaire en matière immobilière et successorale est celui de prélever dans le respect des règles de l'art, les impôts et taxes, et de les reverser dans les délais dans les caisses de l'État. Ce rôle participe de la préservation des intérêts de l'État. Le notaire se doit de respecter scrupuleusement ses obligations fiscales au risque de subir diverses sanctions fiscales prévues par la réglementation en vigueur.

SECONDE PARTIE :

L'APPLICATION D'UN RÉGIME DE SANCTIONS FISCALES PUNITIVES APPELANT UNE MEILLEURE GESTION DU RISQUE FISCAL

Les désagréments sont nombreux dans le champ des transactions immobilières. Les sanctions sont régulièrement infligées au notaire. Ce dernier se retrouve dans une situation paradoxale que décrivait justement un membre de cette profession dans ses observations suite à une notification de redressement en ces termes ; *« vous êtes sans ignorer qu'en matière d'enregistrement, la responsabilité du notaire est tout aussi engagée que celle de son client alors même que le notaire n'est pas partie prenante des actes passés par devant lui »*[229]. Pire encore, les notaires ne peuvent percevoir aucun droit de recette ou de comptabilité pour l'enregistrement ou la garde des fonds et des valeurs déposées pour l'exécution directe d'un acte de vente ou d'emprunt passé dans leur étude[230]. Des précautions doivent être prises dans l'accomplissement des tâches quotidiennes pour éviter des sanctions qui sont nécessaires dans la préservation des intérêts financiers de l'État.

La nécessité d'assurer le recouvrement de l'impôt a conduit le législateur fiscal à adopter un système de sanctions particulièrement sévères à l'encontre du notaire fautif. La mise en place de sanctions punitives et donc dissuasives s'est révélée nécessaire au respect du principe de l'égalité devant l'impôt[231]. Les sanctions fiscales demeurent cependant l'accessoire de l'obligation fiscale en ce qu'elles viennent compléter le montant de l'impôt dû en principal[232]. Une fois la fraude avérée et le principe du redressement maintenu, les services fiscaux vont poursuivre la mise en recouvrement de l'imposition litigieuse. À ce stade, outre le rappel des droits divertis, le contribuable ou le notaire encourt des sanctions (chapitre I) qui ne peuvent désormais être évitées qu'à travers une meilleure gestion du risque fiscal (chapitre II).

---

[229] Observations suite notification des redressements N° 004/CSIPLIW/VGC-17/01

[230] Art 8 décret n° 95/038 du 28 février 1995 fixant le tarif des actes notariés

[231] PERIN-DUREAU (A), *L'obligation fiscale à l'épreuve des droits et libertés fondamentaux*, Dalloz, Paris, 2014, p.428

[232] *Idem.*

CHAPITRE I :

LA SÉVÉRITÉ DES SANCTIONS FISCALES DU NOTAIRE ISSUES DU CONTRÔLE FISCAL

En matière immobilière et successorale, l'administration laisse libre cours au notaire de déclarer pour le compte de son client. Il a ainsi l'obligation de prélever à la source, les différents impôts qui grèvent ces opérations.

À l'opposé, l'administration dispose d'un droit de contrôle. Le droit de contrôle porte sur tous les aspects notamment la qualification de l'acte, le taux applicable, l'abus de droit notamment lorsqu'il s'agit d'une donation déguisée en vente et bien d'autres situations[233]. Généralement, le contrôle porte sur la réalité du prix étant donné que les droits à acquitter reposent souvent sur la valeur déclarée par les parties, certains contribuables ont tendance à mentionner un prix inférieur à celui qui a été réellement convenu[234]. Aussi, certains notaires en complicité avec des clients ou toute autre personne, ont-ils tendance à minorer les valeurs.

En outre, l'administration peut exercer un contrôle à partir des déclarations déposées par les notaires, des renseignements fournis par les tiers et aussi des renseignements qu'elle est autorisée à demander en vertu de son droit de communication aux administrations publiques, aux banques, aux fournisseurs, aux clients. Ce contrôle aussi bien sur pièce que sur place peut aboutir à une notification de redressement ou rectification des droits éludés synonyme de sanctions.

Ainsi, le notaire est un acteur fiscal[235] dès lors que l'exercice de sa profession donne lieu au paiement d'impôts et taxes dont il est le redevable légal. Aussi, doit-il assumer des obligations fiscales

---

[233] EKWALLA (M), *Traité des droits d'enregistrement, du timbre et de la curatelle : cas de la République du Cameroun,* op. cit., p.15.

[234] *Idem.*

[235] Séminaire de formation des notaires sur la réforme de modernisation de l'enregistrement des mutations immobilières et leurs obligations fiscales, DGI, Douala, mars 2016, p. 2.

spécifiques particulières au corps des notaires notamment en matière immobilière et successorale[236]. L'inobservation de ses obligations fiscales entraine pour le notaire contrevenant une panoplie de sanctions. En effet, la sanction telle que définie par le lexique des termes juridiques s'entend d'une mesure de réaction à la violation de la légalité (peine, nullité, caducité, déchéance, etc.) ou d'une obligation. Dans cette perspective, l'on étudiera la variété de sanctions infligées ou applicables à la suite des manquements aux obligations fiscales du notaire. Ces sanctions punitives peuvent être de nature administrative (section I) ou pénale (section II).

Section I : La quintessence des sanctions administratives aux infractions fiscales du notaire

Les dispositions du CGI réaffirment le droit reconnu aux services fiscaux de procéder au contrôle du reversement des impôts et taxes dus à l'occasion des transactions immobilières et autres par les notaires. Ce contrôle de reversement des impôts et taxes susceptibles d'être retenus à la source vise simplement à s'assurer du respect par le notaire de leurs obligations fiscales, notamment les obligations déclaratives et de paiement au centre des impôts de rattachement[237].

Le non-paiement de l'impôt expose le notaire à une obligation fiscale largement supérieure à celle qui eut été la sienne en l'absence d'infractions à la législation fiscale.

Le notaire en matière immobilière et successorale est régulièrement confronté à de nombreuses infractions. Ces infractions peuvent être regroupées en deux grandes catégories à savoir :

- le défaut total d'accomplissement des obligations par le redevable légal qu'est le notaire (non-présentation des actes à l'enregistrement ou déclaration tardive) ;
- la minoration ou dissimulation des bases de l'impôt (insuffisance, dissimulation des prix, omission, indications inexactes, etc.).

Lors du contrôle qui peut s'exercer sur place ou sur pièces conformément aux Livres des Procédures Fiscales, des sanctions

---

[236] Idem.

[237] Circulaire n° 001/C/MINFI du 28 décembre 2018 portant instructions relatives à l'exécution des Lois de Finances, au suivi et au contrôle de l'exécution du budget de l'Etat et des autres entités publiques pour l'exercice 2019, p.65.

administratives peuvent être infligées au notaire fautif. Ces sanctions administratives comprennent entre autres les sanctions spécifiques de la législation harmonisée de la CEMAC sur le droit d'enregistrement (paragraphe 1) et les sanctions d'ordre général du Livre des Procédures Fiscales (paragraphe 2).

Paragraphe I : Les sanctions spécifiques de la législation harmonisée sur le droit d'enregistrement à l'encontre du notaire fautif

Les États membres de la CEMAC se sont fixé comme objectif majeur de construire un marché commun compétitif et concurrentiel basé sur l'harmonisation fiscale en vue de se doter d'une meilleure capacité de création de richesses et d'insertion dans l'économie mondiale[238]. Ce rapprochement des législations s'opère traditionnellement par le moyen des directives communautaires considérées comme la meilleure voie en matière d'harmonisation fiscale[239].

Aussi, la directive n° 01/13-UEAC-219-CM-26 du 30 septembre 2013 portant révision de l'Acte n° 10/88/UEAC-257 du 8 décembre 1988, relatif à l'harmonisation des droits d'enregistrement, du timbre et de la curatelle, définit les différentes sanctions en matière d'enregistrement. Le droit d'enregistrement porte sur les actes et les mutations.

Pour le droit d'enregistrement, on entend par mutation, toute transmission d'un patrimoine à un autre, soit d'un droit réel (propriété, usufruit), soit d'un droit de jouissance (bail)[240]. Les mutations sont constituées des ventes[241], des donations, des dévolutions successorales, des cessions d'usufruit, des baux, des mises en gérance libre des fonds de commerce[242].

Par acte, l'on entend ici tout écrit destiné à prouver l'acte juridique. Cet écrit doit être signé pour revêtir le caractère d'acte à prouver. C'est

---

[238]TCHOUYEP (D), *L'harmonisation fiscale en zone CEMAC*, DESS, Fiscalité Appliquée, Université de Douala, 2009/2010, p.2.
[239] TCHOUYEP (D), *L'harmonisation fiscale en zone CEMAC*, *op. cit.*, p.2.
[240]TCHOUYEP (D), *L'harmonisation fiscale en zone CEMAC, Ibid* p.25.
[241] TOMO DA NYAMA (C. L.), *La mutation d'immeubles en droit camerounais*, Mémoire de Master 2 Professionnel en Droit notarial, Université de Douala, 2018-2019, pp. 4 et s.
[242] TCHOUYEP (D), *L'harmonisation fiscale en zone CEMAC, Ibid*, p. 25.

un écrit susceptible de faire preuve d'un fait juridique[243]. L'on dénombre parmi ces actes, les actes civils (actes sous seing privé ou actes notariés), les actes judiciaires et les actes extrajudiciaires (exploits d'huissier, procès-verbaux de gendarmerie, de commissaire-priseur).

Lorsque le notaire, de concert avec son client, s'est livré à des pratiques fiscales dommageables, il revient à l'administration fiscale d'administrer des sanctions conformément à la législation communautaire. Ces sanctions applicables à de nombreuses infractions sont diversifiées et méritent qu'on s'y attarde. Les sanctions encourues s'appliquent pour le défaut d'enregistrement des actes et déclarations dans les délais (A), les omissions, les insuffisances et la dissimulation (B), et autres situations prévues par la législation communautaire (C).

A- Les sanctions pour défaut d'enregistrement des actes et déclarations dans les délais

L'enregistrement des actes a une fonction fiscale très importante. Elle contribue pour beaucoup dans le budget de nos États. Raison pour laquelle le législateur communautaire sanctionne tout manquement lié au prélèvement de cet impôt. Parlant justement des sanctions, l'on verra tour à tour les sanctions en matière immobilière (1) et successorale (2).

1. Les sanctions communautaires dans le cadre des transactions immobilières privées

Les délais pour enregistrer les actes des notaires sont de 15 jours à un mois[244]. Ce délai peut être porté à 3 mois lorsqu'il n'existe pas de Centre des Impôts à la résidence des officiers publics ou ministériels ou des fonctionnaires rédacteurs.

Fort de ces prescriptions, les notaires, huissiers et autres agents ayant pouvoir de faire des exploits ou procès-verbaux, les greffiers et secrétaires d'Administration qui par leur négligence n'ont pas fait enregistrer leurs actes ou jugements dans les délais paient, personnellement, outre les droits simples et pour ces droits seulement, sans recours contre les parties, une amende égale au montant des droits simples[245].

243 ATANGANA NGONO (L), *Cours d'enregistrement*, *op. cit.*, p.14.
244 Art. 276 du CGI.
245 Art. 316 du CGI

Au regard de ces dispositions, l'on constate que la responsabilité du notaire pour défaut d'enregistrement des actes et déclarations dans les délais est personnelle. Le notaire est tenu de payer sans possibilité de recours contre son client. L'amende incombe exclusivement au notaire.

2. Les sanctions communautaires dans le cadre des mutations par décès

Les mutations par décès pour des biens meubles et immeubles situés dans un État, et pour les biens meubles incorporels situés à l'étranger lorsque le domicile du de cujus est situé dans cet État, doivent faire l'objet d'une déclaration estimative au Centre des Impôts compétent dans un délai d'un an à compter de l'ouverture de la succession[246].

Fort de ces prescriptions, les héritiers donataires, légataires qui n'ont pas fait dans les délais prescrits la déclaration des biens à eux transmise par décès, paient une amende égale à 50 % du droit dû pour la mutation. Si le retard excède un an, un droit en sus est dû[247].

Le notaire très souvent sollicité pour les procédures de liquidation des successions se doit de maîtriser les délais d'enregistrement et de déclaration, au risque de voir sa responsabilité personnelle engagée sur le terrain de la négligence.

B- Les sanctions communautaires pour les omissions, les insuffisances et la dissimulation

Les omissions, les insuffisances et la dissimulation constituent des pratiques hautement dommageables pour le budget de l'État. Dans ce sillage, l'on verra brièvement les sanctions pour les omissions (1), les sanctions pour les insuffisances (2) et les sanctions pour dissimulation (3).

1. Les sanctions pour omissions

Il y a omission lorsqu'un particulier ne mentionne pas, dans une déclaration de succession, tous les biens qui en font partie[248]. Il s'agit ici d'une pratique fiscale dommageable sanctionnée par le législateur communautaire. Ainsi, la peine, pour les omissions qui seront reconnues avoir été faites dans les déclarations de biens transmis par décès, sera égale à un droit en sus[249]. La sanction se résume au paiement

---

[246] Art. 279 du CGI.
[247] Art. 322 du CGI.
[248] ATANGANA NGONO (L), *Cours d'enregistrement*, *op.cit.* p.67.
[249] Art. 323 du CGI

d'une amende qui est égale à un droit en sus. Le législateur communautaire entend ainsi sauvegarder les intérêts financiers de l'État.

2. La sanction communautaire pour insuffisance

Il y a insuffisance lorsqu'on évalue de manière erronée les biens qui servent d'assiette à la perception des droits. Ici, l'erreur peut être volontaire, mais elle peut aussi être commise de bonne foi[250]. Cette insuffisance est sanctionnée, car le législateur communautaire attache du prix à la sécurisation de la matière imposable à travers la multiplication des dispositions préventives traitant des dissimulations et insuffisances de valeurs[251]. Ainsi, si le prix ou l'estimation ayant servi de base à la perception du droit proportionnel, progressif ou dégressif parait inférieur à la valeur vénale des biens immeubles, fonds de commerce ou de navires, ou des aéronefs transmis en propriété, en usufruit ou en jouissance, l'Administration peut requérir l'expertise en vue de fixer la valeur taxable[252]. Lorsque l'accord sur l'estimation ne s'est pas fait à l'amiable, la demande en expertise est faite par simple requête du Tribunal civil dans le ressort duquel les biens sont situés ou immatriculés s'il s'agit de navires, bateaux ou d'aéronefs[253].

Si l'insuffisance reconnue amiablement ou révélée par l'expertise est égale ou supérieure au huitième du prix de la valeur déclarée, les parties acquittent solidairement, à savoir :

- le droit simple sur le complément d'estimation ;
- un demi-droit en sus si l'insuffisance est reconnue amiablement avant la signification de la requête en expertise ;
- un droit en sus si l'insuffisance est reconnue après signification de la requête en expertise, mais avant le dépôt au greffe du Tribunal du rapport d'expert ;
- un double droit en sus dans le cas contraire ;
- les frais d'expertise[254].

---

250 ATANGANA NGONO (L), *Cours d'enregistrement*, Ibid, p.67.
251 AYANGMA AYANGMA (J), *La pratique du contrôle fiscal des prix de transfert dans l'espace CEMAC : le cas du Cameroun*, L'Harmattan, Paris, 2015, p.83.
252 Art.324 du CGI.
253 Art. 325- (1) du CGI.
254 Art.326 du CGI

Aucune pénalité n'est encourue et les frais de l'expertise restent à la charge de l'Administration, lorsque l'insuffisance est inférieure au huitième du prix exprimé ou de la valeur déclarée[255].

3. Les sanctions communautaires pour dissimulation des prix

La dissimulation s'apparente très nettement à la fraude. La mauvaise foi des parties est évidente[256]. Le législateur communautaire a ainsi, identifié la dissimulation comme un domaine sensible auquel un regard attentif doit être porté. Dans la perspective de renflouer les caisses de l'État, de nombreuses sanctions sont infligées pour cette pratique fiscale dommageable qu'est la dissimulation.

Ainsi, toute dissimulation dans le prix de vente d'un immeuble ou d'une cession de fonds de commerce ou de clientèle et dans la soulte d'un échange ou d'un partage est punie d'une amende égale à la moitié de la somme dissimulée. Cette amende est payée solidairement par les parties, sauf à la répartir entre elles par parts égales. La dissimulation peut être établie par tous les moyens de preuve admis par le droit commun[257].

Lorsqu'il est constaté l'existence d'une contre-lettre sous signature privée relative aux dissimulations visées à l'article 327, et qui a pour objet une augmentation du prix stipulé dans un acte public ou dans un acte sous signature privée, précédemment enregistré, il y a lieu d'exiger, à titre d'amende, une somme triple du droit qui doit être perçu sur les sommes et valeurs ainsi stipulées[258].

Lorsqu'il est amiablement reconnu ou judiciairement établi que le véritable caractère des stipulations d'un contrat ou d'une convention a été dissimulé, sous l'apparence de stipulation donnant ouverture à des droits moins élevés, il est dû un double droit en sus. Cette pénalité est due solidairement par toutes les parties contractantes[259].

---

[255] *Idem.*

[256] EKWALLA (M), *Traité des droits d'enregistrement, du timbre et de la curatelle : le cas de la république du Cameroun, op. cit.,* 2018, p.16.

[257] Art. 327 du CGI.

[258] Art. 328 du CGI.

[259] Art. 329 du CGI.

C- Les autres sanctions prévues par la législation communautaire

Parmi les autres sanctions prévues par le législateur fiscal communautaire, l'on recense le droit de préemption (1) et les autres sanctions décrivant des situations diversifiées (2).

1. Le droit de préemption

Le droit de préemption trouve son fondement dans la législation harmonisée du CGI. L'Administration a la faculté, dans un délai de 6 mois, de se substituer à l'acquéreur d'un bien ou au bénéficiaire du droit à un bail si elle le juge utile, et si elle estime le prix porté à l'acte insuffisant. La préemption se fait de plein droit après simple notification par acte d'huissier[260]. L'Administration doit alors rembourser à l'acquéreur le montant du prix porté à l'acte augmenté de 10 %[261].

Le droit de préemption participe à l'expropriation pour cause d'utilité publique puisqu'il y a en fait une expropriation moyennant indemnité. Le droit de l'Administration est absolu. Dès lors, peu importe que le redevable s'applique à prouver que le prix est réel et correspond à la valeur du bien[262].

2. Les autres sanctions de la législation harmonisée en zone CEMAC

L'on recensera sous cette rubrique, la tenue irrégulière du répertoire (a) et des peines sanctionnant l'inobservation des obligations du notaire (b).

a) La tenue irrégulière du répertoire et infractions connexes

Dans le souci d'une maitrise optimale des actes des officiers ministériels, il est préconisé par le législateur fiscal la bonne tenue des répertoires. Le répertoire est un registre récapitulant par ordre de date tous les actes de l'année d'un office, un exemplaire est conservé à l'étude, l'autre est adressé au greffe du tribunal de grande instance[263]. Le répertoire est un registre à colonnes sur timbre ou non, dans lequel les assujettis doivent inscrire les actes qu'ils reçoivent d'une manière

---

260 Art. 330 du CGI.

261 *Idem.*

262 ATANGANA NGONO (L), *Cours d'enregistrement*, *op.cit.*, p.72.

263 LASNE (T), LEVIAUX (L), *Comptabilité notariale,* 2e édition, Defrenois éditions, Lextenso éditions, Paris, 2017, p.481.

sommaire, en ordre chronologique, sans blanc ni interligne. Paraphé par diverses autorités et plus spécialement par le président du Tribunal pour celui du notaire ou, à défaut par un juge du tribunal civil de la résidence, le répertoire est communiqué à chaque réquisition[264]. Des sanctions sont donc prévues en cas de mauvaise tenue et dépôt des répertoires par les officiers ministériels.

Ainsi, les notaires… tiendront des répertoires à colonnes sur lesquels ils inscriront, jour par jour, sans blanc ni interligne et par ordre de numéro, à savoir :

- les notaires, tous les actes et contrats qu'ils recevront, même ceux qui seront passés en brevet, sous peine de 2000 francs pour chaque omission ;
- l'absence de répertoire est passible d'une amende à laquelle s'ajoute une astreinte de 5000 francs pour le retard[265].

Chaque article du répertoire contiendra :

- son numéro ;
- la date de l'acte ;
- sa nature ;
- les noms et prénoms des parties et leur domicile ;
- l'indication des biens, leur situation et le prix lorsqu'il s'agira d'actes qui auront pour la propriété, l'usufruit ou la jouissance des biens ou des fonds ;
- la relation de l'enregistrement[266].

Les notaires présenteront, tous les trois mois, leurs répertoires aux Receveurs des Impôts de leur résidence, qui les viseront et qui énonceront dans leurs visas le nombre d'actes inscrits. Cette présentation aura lieu chaque année, dans la première quinzaine de chacun des mois de janvier, avril, juillet et octobre, sous peine d'une amende de 10 000 francs, quelle que soit la durée du retard[267].

Indépendamment de la représentation ordonnée par l'article précédent, les notaires seront tenus de communiquer leurs répertoires, à toute réquisition, aux préposés de l'Enregistrement qui se présenteront

---

264 ATANGANA NGONO (L), *Cours d'enregistrement*, *op.cit.*, p. 68.
265 Art 382 du CGI.
266 Art 383 du CGI.
267 Art 384 du CGI.

chez eux pour les vérifier sous peine d'une amende de 10 000 francs en cas de refus. Le préposé dressera, dans ce cas, le procès-verbal du refus qui lui aura été fait[268].

Le législateur communautaire accorde une importance particulière au répertoire du notaire, c'est d'ailleurs pourquoi des sanctions somme toute minables sont prévues en cas de tenue irrégulière de ces répertoires. Le notaire est également tenu de soumettre le répertoire à toute réquisition de l'Administration sous peine de sanction prévue par la législation harmonisée CEMAC.

b) Les peines sanctionnant l'inobservation des obligations du notaire

En vue d'assurer un meilleur recouvrement des droits d'enregistrement, et pour faire échec aux pratiques dommageables des notaires, sources d'évasion fiscale, le législateur communautaire sanctionne l'inobservation des obligations fiscales du notaire. Dans cette perspective, toute une panoplie de sanctions existe.

Ainsi, les notaires ne pourront délivrer en brevet, copie ou expédition, aucun acte soumis à l'enregistrement sur la minute ou l'original, ni faire aucun acte en conséquence, avant qu'il ait été enregistré, quand bien même le délai pour l'enregistrement ne serait pas encore expiré à une peine de 2000 francs d'amende, autre que le paiement du droit[269].

Aucun notaire ne pourra faire ou rédiger un acte en vertu d'un acte sous seing privé ou passé hors du territoire, l'annexer à ses minutes, ni le recevoir en dépôt, ni en délivrer un extrait, copie, ou expédition, s'il n'a été préalablement enregistré, à peine de 2000francs d'amende et de répondre personnellement du droit[270].

Globalement, le notaire est tenu de soumettre l'acte à la formalité d'enregistrement avant d'en instrumenter. C'est une exigence qui participe à la sécurisation des recettes fiscales de l'État. C'est aussi pour cela que le législateur fiscal a prescrit à l'égard des notaires, des obligations de faire (déclaration dans les délais) ou de ne pas faire (interdiction de délivrer, rédiger, annexer ou recevoir certains actes avant la formalité d'enregistrement).

---

[268] Art. 385 du CGI.
[269] Art. 354 du CGI.
[270] Art. 355 du CGI.

Le législateur communautaire conscient des conséquences dommageables qui découleraient d'un défaut d'enregistrement a doté les pays membres des moyens de nature diverse à l'effet de sanctionner le notaire coupable d'un comportement délictueux au regard du droit fiscal. Cependant, ces sanctions paraissent insuffisantes et à certains égards dérisoires. C'est pourquoi elles sont d'ailleurs complétées par les sanctions du livre des procédures fiscales qui traquent des pratiques fiscales dommageables, sources d'évasion fiscale.

Paragraphe II : Les sanctions d'ordre général du livre des procédures fiscales.

La mise sous AMR des émissions des droits d'enregistrement emporte l'application ipso jure des dispositions du LPF, en conséquence, seules ses dispositions ont dorénavant vocation à régir tous les cas de figure[271]. Ainsi les sanctions du LPF depuis la mise sous AMR des droits d'enregistrement ont désormais un grand relief dans le paysage fiscal camerounais.

Le livre des procédures fiscales du Cameroun a consacré des dispositions mettant en exergue les sanctions fiscales. Ces sanctions fiscales sont de nature à contrecarrer tout comportement dommageable du contribuable, visant à délester le trésor public d'importantes recettes fiscales. Aussi, pour mettre un terme aux errements préjudiciables aux intérêts financiers de l'État, les sanctions gravitent autour des pénalités d'assiette (A) et des pénalités de recouvrement (B).

A- Les pénalités d'assiette à l'encontre du notaire fautif

Les pénalités d'assiette frappent indifféremment les contribuables. Le notaire n'échappe donc pas à cette règle, surtout en matière immobilière et successorale. Il est loisible de voir les pénalités d'assiette en ce qui concerne les insuffisances de déclaration (1) et les pénalités d'assiette pour absence de déclaration (2).

---

[271] Rapport du groupe de travail sur la fiscalité camerounaise mise en place au sein du GICAM. Ces experts proposaient d'uniformiser certaines dispositions du CGI et celles du LPF ; ATANGANA NGONO (L), *Cours d'enregistrement*, *op. cit.*, pp. 1 et s.

1. Les pénalités d'assiette pour insuffisance de déclaration

Les pénalités d'assiette pour insuffisance de déclaration comprennent entre autres les intérêts de retard (a) et les amendes et majorations (b).

a) Les intérêts de retard pour insuffisance de déclaration

Les insuffisances, omissions ou inexactitudes qui affectent la base ou les éléments d'imposition et qui ont conduit l'administration à effectuer des redressements donnent lieu à l'application d'un intérêt de retard de 1.5 % par mois, plafonné à 50 %, calculé sur la base des droits mis à la charge du contribuable, à la suite de la notification du dernier acte de procédure en cas de contrôle[272].

L'intérêt de retard est calculé à compter du jour suivant la déclaration révélant une insuffisance, une omission ou une inexactitude a été déposée, jusqu'au dernier jour du mois de la notification de redressement[273].

Dans ce sillage, pour ce qui est de l'enregistrement d'un acte notarié, du paiement de la taxe foncière, du paiement de la plus-value et des droits de succession, s'il y a insuffisance de déclaration, le notaire sera solidairement responsable du paiement des intérêts de retard.

b) Les amendes et majorations pour insuffisance de déclaration

Les insuffisances, omissions ou dissimulations qui affectent la base ou les éléments d'imposition et qui ont conduit l'administration à effectuer des redressements, mention expresse devant être faite dans la dernière pièce de procédure, en sus de l'intérêt de retard prévu à l'article L95 du CGI, donnent droit à l'application des majorations suivantes :

- 30 % en cas de bonne foi ;
- 100 % en cas de mauvaise foi ;
- 150 % en cas de manœuvres frauduleuses, sans préjudice des poursuites pénales prévues dans le livre des procédures fiscales[274].

---

[272] Art. L 95 du CGI.
[273] Art. L 95 du CGI.
[274] Art. L 96 du CGI.

En matière d'enregistrement d'une mutation immobilière, de paiement de la taxe foncière, de paiement de la plus-value et des droits de succession, lorsqu'il y a une insuffisance de déclaration, le notaire est solidairement responsable du paiement des droits et des amendes. Il doit donc veiller à une meilleure évaluation des bases de taxation. Le notaire doit absolument éviter que l'administration ne procède à la réévaluation administrative des biens meubles et immeubles. Cette réévaluation entraine automatiquement l'application des sanctions fiscales punitives. C'est toute la problématique d'évaluation des biens par le notaire qui est posée, car, en dehors des droits de timbre gradué et de dimensions, les autres droits prélevés sont assis sur la valeur vénale ou administrative.

2. Les pénalités d'assiette pour absence de déclaration

Les pénalités d'assiette pour absence de déclaration comprennent entre autres : la taxation d'office et les amendes (a) et l'application des intérêts de retard (b).

a) La taxation d'office et les amendes

Le contribuable qui, après une mise en demeure de déclarer, n'a pas souscrit sa déclaration fait l'objet d'une taxation d'office et sa cotisation est majorée de 100 %. La majoration est portée à 150 % en cas de récidive.[275]

La procédure de taxation d'office intervient généralement dans l'hypothèse où il y a défaut de déclaration dans le délai de 15 jours après mise en demeure par l'administration. Elle constitue une sanction frappée à l'encontre des contribuables de mauvaise foi. Elle est utilisée dans les cas suivants :

- lorsque le contribuable n'a pas déposé dans le délai légal les déclarations qu'il est tenu de souscrire. Toutefois, la procédure de taxation d'office n'est possible, dans ce cas, que si le contribuable n'a pas régularisé sa situation dans les quinze jours ouvrables suivants la réception d'une lettre de relance valant mise en demeure de déposer sa déclaration[276]. Lorsque le contribuable s'abstient de répondre dans un délai de quinze jours, après mise en demeure à une demande d'éclaircissement ou de justification ;

[275] Art. L 97 du CGI.
[276] Art. L 29 du CGI.

- en cas de défaut de tenue ou de présentation de tout ou partie de la comptabilité ou de pièces justificatives constaté par procès-verbal ;
- en cas de rejet de la comptabilité par l'administration fiscale comme étant irrégulière et non probante ;
- en cas d'opposition au contrôle fiscal[277].

La procédure de taxation d'office une fois enclenchée, clos toute tentative de procédure contradictoire, mais aussi, les bases ou éléments servant de calcul des impositions sont arrêtés forfaitairement. La charge de la preuve pèse sur le contribuable.[278]

Concernant le notaire, l'enregistrement d'un acte notarié de mutation immobilière doit intervenir dans le mois qui suit l'opération. Il va de soi que c'est la première date de l'acte qui reste la seule valable pour apprécier les pénalités éventuelles. Ces pénalités sont d'un droit en sus, c'est-à-dire, égales aux droits simples.

Pour ce qui de la taxe foncière, le défaut de déclaration ou la déclaration tardive et après mise en demeure de déclarer de 15 jours, l'administration fiscale procède à la taxation d'office et la cotisation est majorée de 100 %. La majoration est portée à 150 % en cas de récidive.

Concernant les droits de succession, pour douze (12) mois de retard, la pénalité est de 50 % des droits dus. Au-delà de 12 mois, la pénalité est d'un droit en sus c'est-à-dire 100 %.

b) Les intérêts de retard pour absence de déclaration ou déclaration tardive

Cette pénalité consiste à appliquer au contribuable un intérêt de retard de 1.5 % par mois ou fraction de mois à compter de la date limite de dépôt. Cet intérêt de retard est applicable, quelles que soient les circonstances, qu'il y ait fraude ou simple erreur de la part du contribuable. Elle s'applique régulièrement dans l'hypothèse d'absence de déclaration ou de déclaration tardive. L'intérêt de retard est calculé à compter du jour qui suit celui du dépôt légal de la déclaration jusqu'au dernier jour du mois de la notification, tout mois commencé étant compté pour un mois entier. Le montant de l'intérêt de retard est plafonné à 50 %.

---

[277] Art. L 30 du CGI.
[278] Art. L 32 du CGI.

B- Les pénalités de recouvrement sanctionnant le notaire fautif

Dans la perspective de mobiliser davantage de recettes fiscales, et sous la contrainte de compenser les moins-values fiscales consécutives à la politique de démantèlement douanier en application de l'accord ACP/UE, et sous la contrainte aussi des tensions de trésorerie dues à la persistance des foyers d'insécurité, le législateur fiscal camerounais à travers le contrôle sur pièces ou sur place met désormais un accent particulier sur les pénalités de recouvrement. Ces pénalités de recouvrement comprennent entre autres, l'intérêt de retard (1) et les sanctions pour non reversement des droits et taxes retenus à la source (2).

1. L'intérêt de retard pour défaut ou retard de paiement

L'intérêt de retard est classé parmi les sanctions, mais n'en constitue pas une[279]. Il n'implique aucune appréciation du comportement du contribuable. La ligne de partage entre l'intérêt de retard et les véritables sanctions dépasse la simple appréciation du comportement du contribuable pour reposer sur l'objet de la pénalité : véritable punition ou simple réparation pécuniaire. Dès lors, toute sanction qui n'a pas ce caractère réparateur a nécessairement le caractère de sanction fiscale. L'intérêt de retard qui se borne à réparer le prix du temps, c'est-à-dire à compenser le préjudice subi par le Trésor public du fait du paiement différé de l'impôt, n'est pas une punition[280]. L'on verra dans ce paragraphe le régime des intérêts de retard (a), et le taux et la base de calcul des intérêts de retard (b).

a) Le régime des intérêts de retard

Le paiement tardif de l'impôt par le notaire entraine l'application des intérêts de retard. Avant de s'appesantir sur la nature juridique desdits intérêts (a.2), il serait judicieux de définir leur champ d'application (a.1).

a.1) Le champ d'application de l'intérêt de retard

Il résulte des dispositions légales que l'intérêt de retard a un champ d'application très large. Il s'applique dès lors qu'il y a défaut de

---

279 OLLEON (L), « Intérêts de retard et convention européenne des droits de l'homme : peut-on noyer un serpent de mer ? », *RJF*, juin 2002, p.447 ; ATANGA FONGUE (R), *Contrôle fiscal et protection du contribuable dans un contexte d'ajustement structurel : le cas du Cameroun, op. cit.*, p.71

280 BACHELIER (G), « Les sanctions fiscales dans la jurisprudence du Conseil d'Etat », *RFFP*, 1999, p. 20 ; ATANGA FONGUE (R), *Droit fiscal et douanier appliqué, op. cit.*, , p.71 ;

paiement, paiement insuffisant ou paiement tardif.[281]Bien plus, lorsque les conditions sont réunies, l'intérêt de retard est dû, quelle que soit la procédure de régularisation de l'infraction. Doté d'une portée très générale, l'intérêt de retard a vocation à s'appliquer à tout impôt non acquitté en intégralité dans le délai imparti.

a.2) La nature juridique de l'intérêt de retard

L'intérêt de retard n'a pas une nature répressive, mais celle de dommage et intérêts venant compenser le préjudice financier subi par l'État du fait de l'encaissement tardif de sa créance. Il est dès lors déconnecté et indépendant du comportement du contribuable, de sorte qu'en principe, il ne peut faire l'objet d'aucune remise par les services fiscaux ni modulation par le juge. L'intérêt de retard est exigible au notaire du seul fait du paiement tardif de l'impôt, nonobstant la bonne foi du redevable.

En application des dispositions du Code Général des Impôts, les sanctions pécuniaires et pénalités de toute nature, mises à la charge des contrevenants à des obligations légales ne sont pas admises en déduction des bénéfices soumis à l'impôt. En conséquence, le notaire ne peut prétendre à aucune déduction des intérêts de retard.

b) Le taux et la base de calcul des pénalités de recouvrement

Le Code Général des Impôts définit les pénalités de recouvrement comme celles qui sanctionnent le retard dans le paiement des impôts et autres droits dus. L'on verra ici successivement le taux (b.1) et la base de calcul des pénalités de recouvrement (b.2).

b.1) Le taux de l'intérêt de retard

Conformément aux dispositions de l'article L 106 du Code Général des Impôts, « le paiement tardif de l'impôt entraine l'application d'un intérêt de retard de 1.5 % par mois de retard ».

Pour le cas particulier des impôts à versement spontané, toute déclaration ou tout paiement tardif entraine l'application d'une pénalité de 10 % par mois de retard, sans excéder 30 % de l'impôt dû en principal.[282]

---

[281] Art. L106 du CGI.
[282] Art. L106 du CGI.

Pour les droits d'enregistrement, le défaut ou le retard de paiement entraine l'application d'un droit en sus égal au droit simple.[283]

La pénalité de recouvrement est décomptée au premier jour du mois qui suit celui de la réception, ou au premier jour suivant celui du dépôt légal de la déclaration, tout mois commencé étant compté pour un mois entier, ou encore au premier jour suivant celui de la date légale d'exigibilité.

Le point d'arrivée du calcul de l'intérêt de retard est fixé au dernier jour du mois de paiement.[284].

b.2) La base de calcul des pénalités de recouvrement

Les intérêts moratoires ou pénalités de recouvrement ont pour base de calcul le montant des droits éludés et des pénalités d'assiette pour lesquels le paiement n'est pas intervenu dans le délai légal. L'intérêt de retard se calcule de la façon suivante :

Intérêt de retard= 1.5 % x nombre de mois de retard x droits éludés ou encore ;

Intérêt de retard= 10 % x nombre de mois de retard x droits éludés.

Les droits éludés correspondent aux sommes mises à la charge du contribuable dont le versement a été différé.

Il est nécessaire de rappeler que le notaire est fiscalement responsable de la majoration exigible en cas de non-respect des délais d'enregistrement. Cette responsabilité résulte de nombreuses dispositions du CGI. Ces articles définissent deux niveaux de responsabilité en cas de dépassement de délai lors du dépôt de l'acte soumis à enregistrement : l'un sans recours, l'autre avec recours. Ainsi, en cas de dépôt tardif, la majoration due sera de la responsabilité exclusive du notaire, sans recours contre les parties. Quant aux droits et taxes, ceux-ci sont dus par la partie qui en a la charge, mais c'est le notaire qui est tenu de leur paiement. En conséquence, le défaut de provision suffisante obligera le notaire à acquitter la totalité des droits et taxes, sauf son recours pour leur recouvrement contre la partie non diligente. Il en va de même pour les obligations déclaratives en matière de succession[285].

---

[283] *Idem.*

[284] *Idem.*

[285] BERARD (S), *Guide des formalités et de la fiscalité des actes notariés,* Lexis Nexis, Paris, 2017, p.128.

Aussi, est-il indispensable de maitriser ces notions de délai, majorations et intérêts de retard.

2. Les pénalités pour non reversement des taxes et impôts retenus à la source

Le notaire est un acteur fiscal important au regard de sa double casquette de gestionnaire de son office notarial et de collecteur d'impôts pour le compte du trésor public. À ce titre, les notaires jouent un rôle fondamental dans le domaine du foncier et de transmission de patrimoine et doivent par conséquent être une source de forte collecte des recettes pour l'État. En tant que redevable légal, le notaire est un intermédiaire qui doit reverser au Trésor public ce qu'il collecte auprès du redevable réel. Le risque est donc grand de voir le notaire distraire les recettes fiscales de l'État pour son propre compte. C'est pour cela que le législateur récemment a prescrit des amendes forfaitaires (a) et d'autres pénalités (b).

a) Les amendes forfaitaires pour non reversement

Une innovation pertinente de la loi de finances 2019[286] fait rentrer dans les pénalités de recouvrement des infractions qui concernent désormais le notaire à savoir le non reversement dans les délais prescrits par la loi, des impôts droits et taxes retenus à la source. Ainsi, au terme de la loi de finances pour l'exercice 2019[287], le non reversement dans les délais légaux prescrits des impôts droits et taxes retenus à la source, donne lieu à l'application d'une amende forfaitaire non susceptible de remise ou de modération suivant le barème ci-après :

- de 0 à 5000 000 FCFA : cinq cent mille (500 000) ;
- de 5000 001 à 25 000 000 FCFA : deux millions (2000 000) ;
- de 25 000 001 à 50 000 000 FCFA : cinq millions (5 000 000) ;
- plus de 50 000 000 FCFA : dix millions.

Cette amende forfaitaire est non susceptible de remise ou de modération contrairement au droit commun dans lequel la modération ou la remise des pénalités et amendes peuvent être accordées par les autorités compétentes de chaque État membre[288].

---

[286] Circulaire n° 001/C/MINFI du 28 décembre 2018 portant instructions relatives à l'exécution des lois de finances, au suivi et au contrôle de l'exécution du budget de l'Etat et des autres entités publiques pour l'exercice 2019, p.66.
[287] Art. L106 (2) du CGI.
[288] Art. 410 du CGI.

Dans le même sens, aucune remise ou modération ne peut être accordée sur le principal des impôts collectés auprès des tiers ou retenus à la source pour le compte du Trésor[289].

La mise en œuvre dans ce cadre de la responsabilité fiscale du notaire n'est ni malaisée ni difficile. Il suffit qu'il y ait non reversement des recettes fiscales collectées dans les délais prescrits pour que l'application des amendes forfaitaires ait lieu, en plus d'autres sanctions.

b) L'application d'autres sanctions pour non reversement

Le non reversement des impôts et taxes retenus à la source engage la responsabilité personnelle et pécuniaire des notaires conformément à la législation relative à la protection de la fortune publique. Il ne faut donc pas être surpris de voir condamner le notaire pour détournement de fonds publics ou mis en cause pour concussion[290]. En effet, l'absence de reversement de la taxe collectée auprès des tiers pour le compte du Trésor public est assimilable à un détournement de fonds publics[291].

Section II : L'économie des sanctions pénales aux infractions fiscales du notaire

Avec le développement de la sous-traitance fiscale, les notaires occupent une place centrale dans le contexte de mobilisation des ressources fiscales. En plus d'être redevables réels de leurs propres impôts, ils sont des redevables légaux des impôts de leur clientèle notamment en matière immobilière et successorale. Ils sont tenus de collecter ces impôts pour les reverser dans les caisses de l'État. C'est dans le cadre de cette collecte d'impôts que la responsabilité pénale du notaire peut être mise en œuvre.

Ainsi, au-delà de la répression administrative qui porte sur des sanctions de nature pécuniaire notamment, les pénalités et les intérêts de retard, le notaire peut être également appelé à répondre pour des faits incriminés devant le juge correctionnel. L'on parlera de sanction pénale. La sanction pénale des infractions fiscales peut se définir comme une peine d'emprisonnement et amende infligées exclusivement par les tribunaux de l'ordre judiciaire à la demande de

[289] Art. L 142 du CGI

[290] Voir Directive 02/11-UEAC-190-CM-22 2011 du 19 décembre 2011 relative au règlement général de la comptabilité publique

[291] Cass.com, 26 février 2002, cass.com, 25 avril 2006

l'administration fiscale aux auteurs qui ont commis des délits fiscaux[292]. Certaines infractions à la législation fiscale sont d'une gravité telle que le législateur lui-même les érige en infractions pénales. La finalité première des sanctions fiscales à savoir assurer le recouvrement de l'impôt a longtemps occulté la dimension pénale. Mais, cette dimension pénale demeure et le notaire doit se prémunir contre toute saisine du juge correctionnel. Aussi, l'on verra les conditions de mise en œuvre de la responsabilité pénale du notaire (paragraphe 1) et les différentes peines applicables au notaire coupable de fraude fiscale (paragraphe 2).

Paragraphe I : Les conditions de mise en œuvre de la responsabilité pénale du notaire

Le notaire peut voir sa responsabilité pénale engagée en matière immobilière et successorale lorsqu'il est coupable de fraude fiscale (A) et d'autres délits assimilés à la fraude fiscale (B).

A- L'imputation de la fraude fiscale au notaire

La sanction pénale vise à punir le notaire qui s'est rendu coupable d'un délit de fraude fiscale. La fraude fiscale constitue une violation directe de la loi. Elle suppose un comportement délictuel délibéré consistant à se soustraire à l'impôt[293]. Pour faire simple, la fraude fiscale consiste, en pratique, en une dissimulation engendrant une moins-value d'impôt pour l'administration fiscale. Par suite, le scénario se dédouble en deux phénomènes distincts, suivant l'objet diverti :

- tantôt, il s'agira d'une dissimulation de la matière imposable, de l'assiette de l'impôt ;
- tantôt, la dissimulation portera sur la véritable nature de l'opération projetée.

Le notaire verra sa responsabilité engagée en cas de fraude à l'assiette de l'impôt (1) ou en cas d'excès d'optimisation : l'abus de droit (2).

---

[292]TCHATAT NYA (R), *La sanction pénale des infractions fiscales*, Master II, Fiscalité Appliquée, Université de Douala, 2008-2009 p.2.

[293] ADDA(Y), *L'évasion fiscale internationale dans les pays de l'Union européenne*, Thèse de doctorat, Université Panthéon-Assas (Paris II), 2002, p.15.

1. La fraude à l'assiette de l'impôt

La fraude[294], au sens strict, s'analyse en une transgression directe de la loi fiscale, se manifestant par une dissimulation de la matière imposable. L'infraction recouvre plusieurs situations : dissimulation ou sous-estimation d'un revenu, d'un actif ou plus généralement de l'assiette taxable, majoration des charges déductibles, ou encore omission de dépôt d'une déclaration. Classiquement, on en recense deux types :

- le défaut ou retard dans la souscription d'une déclaration ;
- les insuffisances, omissions, ou inexactitudes révélées dans les déclarations souscrites ou les actes présentés à la formalité d'enregistrement.

L'article L 107 du CGI énumère une panoplie de comportements susceptibles d'engager la responsabilité pénale du notaire notamment :

- s'il se soustrait frauduleusement ou tente de se soustraire frauduleusement à l'établissement, au paiement, au reversement total ou partiel des impôts, droits et taxes visés dans le CGI ;
- s'il refuse expressément de faire sa déclaration dans les délais prescrits ;
- s'il dissimule une part des sommes sujettes à l'impôt ;
- s'il organise son insolvabilité ou met obstacle au recouvrement de l'impôt ;
- s'il obtient par des manœuvres frauduleuses un crédit de TVA.

Il peut s'agir de la fraude par action (dissimulation des sommes sujettes à impôt, faire obstacle au recouvrement de l'impôt), et de fraude par omission (refus de déclarer, omission d'établir de payer ou de reverser tout ou partie des impôts).

Il faut d'ailleurs dire avec le professeur Jean-Claude MARTINEZ *« qu'autour de la fraude gravite tout un kaléidoscope d'images et de mots qui rend très difficile la compréhension du phénomène »*[295].

Si la fraude à l'assiette de l'impôt est avérée, l'action des services fiscaux est élémentaire. Ils corrigent et rectifient purement et

---

[294] PHALLIP (C), *La gestion du risque fiscal par la profession notariale*, LexisNexis, Paris, 2011, p. 40

[295] MARTINEZ (J-C*), La fraude fiscale*, Que sais-je, 1ere éd. Paris, 1984, p.5.

simplement la matière imposable, s'en suit également le rehaussement de l'imposition initialement divertie. C'est également aux services des impôts l'initiative de saisir les tribunaux de l'ordre judiciaire pour sanctionner les infractions fiscales.

2. L'excès d'optimisation de l'impôt : l'abus de droit fiscal

Le juge judiciaire peut également décider de sanctionner pénalement un notaire coupable d'abus de droit fiscal. La notion d'abus de droit fiscal s'analyse en un détournement indirect de la loi fiscale, se manifestant par une dissimulation de la véritable nature de l'opération juridique projetée.

En effet, s'il est un principe en droit fiscal en vertu duquel entre deux solutions légales, le contribuable est libre de choisir la voie la moins onéreuse, celui-ci se trouve tempéré par la théorie de l'abus de droit, empruntée au droit civil, condamnant le fait de mettre en œuvre un droit en dehors de sa finalité. En d'autres termes, le libre exercice d'un droit ne peut se faire que sous réserve de l'abus. Appliqué à la fiscalité, le libre choix de la formule la plus économique se heurte à l'abus de droit fiscal en cas d'excès d'optimisation.

L'on distingue deux cas alternatifs d'abus de droit [296]:

- Le montage juridique fictif : l'abus de droit par fictivité ou simulation tient son fondement légal de l'article L 33 du Livre des procédures fiscales. Le montage juridique fictif ou mensonger suppose que la véritable volonté des parties soit masquée derrière une fausse apparence. Les manifestations en sont multiples : acte fictif, déguisé ou simulation par interposition de personnes ;

- La fraude à la loi : c'est une création juridique artificielle doublée d'exclusivisme fiscal (avec pour motif autre que celui d'éluder ou atténuer les charges fiscales). L'abus de droit à ce niveau requiert la réunion de deux critères cumulatifs. :

- un critère objectif : l'application littérale par le notaire des textes ou décisions (et ce en contrariété avec les objectifs et intentions de leurs auteurs) ;
- un critère subjectif : la poursuite d'un but exclusivement fiscal, celui d'éluder en tout ou partie de l'impôt.

---

[296] PHALIP (C), *La gestion du risque fiscal par la profession notariale*, LexisNexis, Paris, 2011, p.41.

Comme l'énonce le Professeur Maurice COZIAN ; *« l'abus de droit est le châtiment des surdoués de la fiscalité ».* Il poursuit en relevant que, bien évidemment, ils ne violent aucune prescription de la loi et se distinguent en cela de vulgaires fraudeurs qui par exemple dissimulent une partie de leurs bénéfices ou déduisent des charges qu'ils n'ont pas supportées. Pour cet auteur, *« l'abus de droit est un péché non contre la lettre, mais contre l'esprit de la loi. C'est également un péché de juriste ; l'abus de droit est une manipulation des mécanismes juridiques là où la loi laisse la place à plusieurs voies pour obtenir un même résultat ; l'abus de droit, c'est l'abus des choix juridiques »*[297].

Maitre Stéphane HADDAD, avocat au Barreau de Paris, résume les deux comportements du contribuable constitutifs d'un abus de droit : en effet, l'abus de droit au sens de la législation fiscale, recouvre deux comportements qui sont bien distincts en droit civil. Il se présente tantôt comme *« une simulation, tantôt comme une fraude à la loi. Quand il utilise les artifices de la simulation, l'abus de droit est un mensonge juridique destiné à tromper le fisc ».*

Ce raisonnement est complété, d'après lui, par ce que, la simulation par acte fictif recouvre les cas où, tout en donnant l'impression d'être tenues par un accord, les parties n'ont en réalité pas entendu contracter, le contrat n'est en fait qu'une coquille vide destinée à tromper les tiers. *« En cas d'abus de droit par la fraude à la loi, il n'y a ni simulation ni mensonge, les actes passés sont réels, mais le montage juridique ne peut s'expliquer que par la volonté de contourner une règle fiscale contraignante »*[298].

Si l'abus de droit est avéré, l'administration fiscale écarte et requalifie l'acte en cause, considérant qu'il lui est inopposable comme tel. Le montage litigieux est rejeté et l'impôt réel reconstitué. Le contribuable est alors taxé sur le résultat de la reconstitution de l'imposition réellement due.

L'administration fiscale se réserve le droit de saisir les tribunaux de l'ordre judiciaire pour application des sanctions pénales au notaire fautif. Il en est de même pour les délits connexes.

---

297 COZIAN (M), *Les grands principes de la fiscalité des entreprises*, 4ème édition, Paris, LITEC, 1999 cité par BURGER (J), *Les délits pénaux fiscaux : Une mise en perspective des droits français, luxembourgeois et internationaux*, Thèse, Nancy 2, 2011.

298 WWW.cabinet-haddad.com, consulté le 10 mai 2020.

B- L'imputation au notaire des délits assimilés à la fraude fiscale

Le législateur fiscal dans sa volonté d'éradiquer la fraude fiscale a défini une série de comportements en marge de la fraude, mais susceptibles d'y être assimilés et dont le notaire doit éviter de se rendre coupable au risque de subir les sanctions pénales. Il convient d'analyser la nature de ces infractions (1) et la situation du notaire auteur ou complice (2).

1. La nature des infractions assimilées à la fraude fiscale

Ce sont essentiellement des délits comptables, la résistance à l'impôt et l'escroquerie fiscale. L'article L 108 du CGI punit d'une sanction pénale quiconque :

- omet de passer ou de faire passer des écritures ou fait passer des écritures inexactes ou dans des documents qui en tiennent lieu, ainsi que toute personne qui est convaincue d'avoir établi ou aidé à établir de faux bilans ;
- par voie de fait, de menaces ou manœuvres concertées, organise ou tente d'organiser le refus collectif de l'impôt ;
- produit des pièces fausses ou reconnues inexactes en vue d'obtenir, en matière d'impôts et taxes, des dégrèvements ou remboursements de quelque nature que ce soit.

Le notaire est solidairement responsable qu'il soit auteur principal ou complice.

2. Le notaire : auteur principal de l'infraction ou complice

Est pénalement responsable, celui qui volontairement commet les faits caractérisant les éléments constitutifs d'une infraction avec l'intention que ces faits aient pour conséquence la réalisation de l'infraction. L'élément moral en matière de fraude fiscale, c'est l'intention d'échapper à l'impôt ou d'en éluder une partie. Le notaire sera reconnu coupable comme auteur principal chaque fois que la fraude est commise avec conscience et volonté et dans le dessein de tromper l'administration fiscale. Le notaire peut par exemple décider volontairement de ne pas reverser les impôts collectés dans les caisses de l'État.

Le notaire peut également être inculpé comme complice. Le complice n'est pas épargné par le législateur fiscal. Est complice d'une infraction, tout individu qui, sans réunir en sa personne les éléments constitutifs de l'infraction, a, par un comportement positif et volontaire, aidé ou facilité sa réalisation[299]. Celui qui aide l'auteur principal à la commettre. À cet égard, il faut comprendre que les complices peuvent agir directement en donnant des instructions par l'abus d'autorité ou bien indirectement en fournissant des moyens et en apportant de l'aide et de l'assistance au coupable principal. Ainsi, il tombe tout aussi sous le coup des peines réservées au fraudeur principal d'où un détour sur les différentes peines applicables.

Paragraphe II : Les différentes peines applicables au notaire coupable de fraude fiscale

Une infraction ne peut avoir de sens que s'il y a une peine qui sanctionne celle-ci. Conformément d'ailleurs au principe de la légalité des délits et des peines cher au philosophe Marquis César de Beccaria. Aucun délit suivant ce principe ne peut être envisagé pas plus qu'une sanction pénale s'il n'y a réunion de certaines composantes du comportement puni par la loi. Épousant cette logique le CGI prévoit diverses sanctions encourues par tout contribuable poursuivi pour fraude fiscale. Ainsi, le notaire lors qu'il est coupable, auteur ou complice d'une fraude fiscale doit s'attendre à une pluralité de peines. L'on est bien curieux de savoir ces sanctions qui comprennent des peines principales (A) et des peines complémentaires (B).

A- Les peines principales sanctionnant le notaire coupable de fraude fiscale

La fraude fiscale est, selon Pierre BELTRAME, « *une infraction à la loi commise dans le but d'échapper à l'imposition ou d'en réduire le montant* »[300]. Dans sa matérialisation, cette infraction peut être commise par action ou par omission. Elle peut être simple ou complexe, instantanée ou continue.[301] L'article L 107 du CGI prévoit diverses sanctions encourues par tout contribuable poursuivi pour fraude fiscale. Cette sanction s'articule autour de l'emprisonnement (1) et/ou d'une amende (2).

---

[299] CORNU (G), (Dir), *Vocabulaire juridique*, op.cit., p.216.
[300] NDZANA BILOA (A-S), *Sauvons l'impôt pour préserver l'État*, Les Editions du Panthéon, Paris, 2018, p.41
[301] *Idem.*

1. La peine d'emprisonnement cumulée au paiement d'une amende

L'emprisonnement est une peine privative de liberté de nature correctionnelle consistant dans l'incarcération du condamné pendant un temps fixé par le juge dans les limites prévues par la loi[302]. Les peines dont il est question ici sont contenues dans l'article L 107 du CGI. Ainsi sans préjudice des sanctions fiscales applicables, est passible d'un emprisonnement et d'une amende de cinq cent mille (500 000) à cinq millions (5 000 000) de francs ou de l'une de ces deux peines seulement quiconque :

- se soustrait frauduleusement ou tente de se soustraire frauduleusement à l'établissement, au paiement, au reversement total ou partiel des impôts, droits et taxes visés dans le CGI ;
- refuse expressément de faire sa déclaration dans les délais prescrits ;
- dissimule une part des sommes sujettes à l'impôt ;
- organise son insolvabilité ou met obstacle au recouvrement de l'impôt ;
- obtient par une manœuvre frauduleuse un remboursement de crédit de TVA.
- Bien plus, est également puni des peines visées à l'article L 107 quiconque :
- omet de passer ou de faire passer des écritures ou fait passer des écritures inexactes ou fictives, dans les livres journaux et d'inventaires prévus par l'Acte Uniforme OHADA, ou dans des documents qui en tiennent lieu, ainsi que toute personne qui est convaincue d'avoir établi de faux bilans ;
- par voie de fait, de menaces ou manœuvres concertées, organise ou tente d'organiser le refus collectif de l'impôt, ou incite le public à refuser ou à retarder le paiement de l'impôt ;

---

302 TAZONG SONKING (S), *La répression de l'incivisme fiscal au Cameroun*, Mémoire de Master II, Fiscalité Appliquée, Université de Douala, 2013/2014, p.48 ; TCHATAT NYA (R), La sanction pénale des infractions fiscales au Cameroun, Mémoire de Master II, Fiscalité Appliquée, Université de Douala, 2008/2009, pp. 40 et s.

- produit des pièces fausses ou reconnues inexactes en vue d'obtenir, en matière d'impôts et taxes des dégrèvements ou remboursements de quelque nature que ce soit.[303].

2. Le paiement inclusif ou exclusif d'une amende : peines d'amende non cumulative

À la lecture de l'article L 107, il en ressort clairement que le juge judiciaire appelé à sanctionner un contribuable ou un notaire fautif peut se limiter à fixer le paiement exclusif d'une amende comme peine infligée au coupable. Ainsi est passible d'une amende de cinq cents mille (500000) à cinq millions (5000000)… Le juge judiciaire peut ainsi faire valoir des circonstances atténuantes pour se limiter à l'application seulement d'une peine d'amende sans cumul de peine privative de liberté.

Il n'en demeure pas moins que tous ceux qui ont fait l'objet d'une condamnation définitive en application des dispositions de l'article L 107 du présent Livre, sont tenus avec le redevable de l'impôt au paiement de cet impôt et des pénalités y afférentes[304].

De prime abord, cette possibilité de cumuler sanction pénale et sanction administrative est constitutive d'une violation à la fois du principe « *non bis in idem* »[305] et du principe du non cumul des peines[306].

B- L'application des peines complémentaires à l'encontre du notaire fautif

Les peines complémentaires sont des sanctions qui s'ajoutent ou peuvent s'ajouter à la peine principale, selon qu'elles soient obligatoires ou facultatives pour le juge. Elles sont encadrées par le CGI. Ainsi l'on verra les peines complémentaires constituées des déchéances (1) et l'interdiction temporaire d'exercer (2).

1. Les déchéances comme peines complémentaires

Le notaire à l'encontre duquel une plainte a été déposée par l'administration fiscale en cas de manœuvres frauduleuses pour se soustraire de l'impôt immobilier ou des droits de succession peut être

---

[303] Art. L 108 du CGI

[304] Art. L 109 du CGI

[305] Principe classique de la procédure pénale, déjà connu du droit romain, d'après lequel nul ne peut être poursuivi ou puni pénalement à raison des mêmes faits

[306] *Non bis poena in idem*

frappé de déchéance. « *La déchéance consiste en une perte de droit, soit à titre de sanction, soit en raison du non-respect de ses conditions d'exercice. Elle peut aussi s'entendre comme une exclusion, interdiction, voire une destitution de l'individu à l'échelle sociale où il se trouve* ».[307]

Dans cette lancée, le tribunal correctionnel peut à titre de peine complémentaire, prononcer les déchéances prévues aux articles 30 et 31 du Code pénal.[308]

Ainsi, l'article 30 du Code pénal précise, les déchéances consistent :

- dans la destitution et l'exclusion de toutes fonctions, tous emplois ou offices publics ;
- dans l'incapacité d'être juré, assesseur, expert, juré-expert ;
- dans l'interdiction d'être tuteur, curateur, subrogé tuteur ou conseil judiciaire, si ce n'est de ses propres enfants, ou membre d'un conseil de famille ;
- dans l'interdiction de porter toute décoration ;
- dans l'interdiction de servir dans les forces armées ;
- dans l'interdiction de tenir une école ou même d'enseigner dans un établissement d'instruction et, d'une façon générale, d'occuper des fonctions se rapportant à l'éducation ou à la garde des enfants[309].

L'article 31 du Code pénal, quant à lui, renvoie au cas où les déchéances seraient encourues :

- la condamnation à une peine perpétuelle emporte à vie les déchéances prévues à l'article précédent ;
- toute autre condamnation pour crime emporte les déchéances pendant la durée de la peine et pendant les dix ans qui suivent son expiration ou la libération conditionnelle si celle-ci n'a pas été révoquée.

La cour peut, dans tous les cas prévus à l'alinéa précédent, par décision motivée, relever la condamnation de tout ou partie de ces déchéances et en réduire la durée jusqu'à deux ans.

---

[307] TCHATAT NYA (R), *La sanction pénale des infractions fiscales au Cameroun, op. cit.*, p.40.
[308] Art. L 111 du CGI
[309] Art. 30 du Code Pénal

En cas de condamnation pour délit et lorsque la loi les y autorise, les tribunaux peuvent, par décision motivée, prononcer pour une durée de cinq ans au plus tout ou partie des déchéances prévues à l'article précédent[310].

2. L'interdiction temporaire d'exercer

L'interdiction temporaire d'exercer est une mesure prise par les juridictions en vue de restreindre la liberté d'entreprise de certaines personnes ayant reçu des condamnations pénales[311].

Ainsi, le Livre des Procédures Fiscales contenu désormais dans le CGI en son article L 111 prévoit la possibilité pour le juge correctionnel d'interdire temporairement, pendant une période n'excédant pas cinq ans, à tout contribuable d'exercer directement ou par personne interposée pour son propre compte ou celui d'autrui, une activité de nature industrielle, commerciale ou libérale.

Lorsqu'une telle décision est rendue, le tribunal ordonne la publication de celle-ci dans un journal d'annonces légales aux frais du condamné.

Mais, il faut noter jusqu'à présent en notre connaissance, aucune décision pénale n'a visé le notaire pour fraude fiscale. L'on s'est contenté d'offrir en annexe[312] deux décisions du tribunal correctionnel sanctionnant des contribuables pour fraude fiscale. L'objectif étant d'illustrer les éventuelles sanctions pénales qui peuvent s'abattre à tout moment sur le notaire coupable de fraude fiscale.

Conclusion du chapitre I

Bien qu'exerçant sa profession dans un cadre libéral, le notaire demeure un collecteur d'impôts. Dans le cadre de cette collecte, sa responsabilité peut être mise en œuvre à la suite d'une inobservation de ses obligations fiscales aboutissant à la fraude fiscale.

En matière immobilière et successorale, la fraude est matérialisée par : le défaut total d'accomplissement des obligations fiscales (non-

---

310 Art. 31 du Code Pénal

311 TCHATAT NYA (R), *La sanction pénale des infractions fiscales au Cameroun*, p.42

312 Voir les affaires Ministère public et ministère des finances et du budget contre Sohaing Gilbert ; affaire MINEFI contre Financial diagnosis cabinet

présentation des actes à l'enregistrement ou déclaration tardive) ; la minoration ou la dissimulation des bases de l'impôt (insuffisance, dissimulation des prix, omission, indication inexacte, etc.).

La mise en œuvre de la responsabilité du notaire à la suite d'un comportement délictueux sur le plan fiscal est marquée par l'application d'un régime de sanctions dissuasives, punitives teintées de sévérité comprenant outre le paiement des droits divertis, des amendes variant entre la moitié, un droit en sus ou plus et du paiement des intérêts de retard. Toutes ces sanctions sont infligées à la suite d'un contrôle sur pièces ou sur place qui respecte le principe de la procédure contradictoire consacrée par l'article L 23 et suivants du LPF.

Au-delà de la répression administrative qui porte sur des sanctions de nature pécuniaire, notamment les pénalités et les intérêts de retard, le notaire peut être également appelé à répondre pour des faits incriminés devant le juge correctionnel. Aussi, la dimension pénale des sanctions renvoie à une peine d'emprisonnement privative de liberté de nature correctionnelle, cumulée ou non du paiement d'une amende. Outre les peines privatives de liberté, les amendes, les déchéances et les interdictions d'exercer peuvent aussi s'appliquer dans le cadre des sanctions pénales. L'importance du prélèvement fiscal pour le financement de l'action publique explique l'existence au sein du CGI d'un ensemble de sanctions visant spécifiquement le notaire défaillant.

Auréolé de ses pouvoirs, en sa qualité d'officier public, le notaire a l'obligation de mener à bien les missions fiscales qui lui sont assignées dans l'exercice de sa profession. Il s'agit notamment de préserver les intérêts financiers de l'État à travers la collecte des impôts et taxes sur les actes passés par devant lui. Aussi, pour éviter les sanctions administratives et pénales, le notaire doit être en mesure de gérer le risque fiscal et plus encore tous les risques[313].

---

[313] Voir arrêté n° 040/SG/MJ du 13 juin 1988 du ministre de la Justice destituant me NGOME NGONDI Félix, notaire à la 8e charge de Douala pour malversation irrégularité et fautes lourdes commises au préjudice de ses clients cité par EBANG MVE (U-N), *Le titre foncier au Cameroun : recherche sur la spécificité d'un acte administratif unilatéral, op.cit.*, p.77.

CHAPITRE II :

LA NÉCESSAIRE GESTION DU RISQUE FISCAL PAR LE NOTAIRE

La législation est devenue de plus en plus complexe et instable. Il n'est pas de domaines où il n'y ait des lois nouvelles, souvent elles-mêmes, compliquées. La tâche du notaire est donc particulièrement difficile. Il est à la fois généraliste du droit et un spécialiste du droit patrimonial de la famille, de la rédaction des contrats et des opérations immobilières, mettant en jeu des règles d'urbanisme complexes susceptibles de couvrir des actes de fraude fiscale. La complexité de la législation fiscale expose le notaire à de nombreux risques fiscaux. Il existe d'ailleurs une multiplicité des risques en présence.

Traditionnellement, il est d'usage d'opposer les risques internes aux risques externes. Cette classification appliquée à la profession notariale, les risques internes sont ceux tenant au client (sa situation personnelle, patrimoniale, ses choix et demandes), et/ou au montage lui-même (son objet, support juridique, mode opératoire, sa structure et chronologie). Par opposition, les risques externes naissent de l'environnement dans lequel évolue la clientèle de la profession notariale ; la réglementation en vigueur (ses failles, modifications et son instabilité), et les interlocuteurs qu'elle rencontre sur son chemin : l'administration fiscale (ses moyens, méthodes et interprétations) et bien d'autres.

Une seconde typologie a été envisagée en doctrine, et traduit avec justesse la réalité des risques auxquels les notaires et leurs clients sont confrontés. Ainsi, Frédéric DOUET, dans son *précis de droit fiscal de la famille*[314], en recense-t-il deux catégories :

- les risques subis d'une part, entendons là, les évolutions (et imperfections) de la réglementation fiscale venant contrarier les prévisions de la clientèle ;

---

[314] DOUET (F), *Précis de droit fiscal de la famille,* Litec, collection. « Litec Fiscal », 9e édition, Paris, 2009, p.791 ; PHALIP (C), *La gestion du risque fiscal par la profession notariale, op. cit.,* p.34

- et d'autre part, les risques choisis par le notaire et son client visant alors les options fiscales et montages délibérément élaborés, fruits de leur positionnement par rapport au droit positif et ses interprétations.

Afin de mieux gérer le risque fiscal, en réduisant les actes pouvant engager sa responsabilité fiscale, le notaire doit prendre des mesures préventives (section 1) et des mesures curatives (sections 2) lorsque le risque fiscal n'a pu être évité.

Section I : Le plaidoyer en faveur d'une gestion préventive du risque fiscal

Le notaire, en tant qu'officier public ministériel, est en défaut dans de très nombreux cas. Citons entre autres, le défaut d'enregistrement d'un acte, l'enregistrement tardif, la tenue irrégulière du répertoire, la complicité dans les dissimulations des prix.

La première mission du notaire va consister dans la prévention et l'anticipation du risque fiscal dès lors qu'une opération projetée par un client est en gestation. Cette mission s'inscrit dès lors en droite ligne du rôle préventif traditionnellement assigné au notariat : empêcher le contentieux de naitre et conférer une sécurité juridique accrue aux opérations dont il est appelé à connaitre. La gestion préventive consiste donc à identifier et évaluer le risque fiscal (paragraphe I) et ensuite chercher à le maitriser (paragraphe II).

Paragraphe I : L'identification et l'évaluation des risques

Le notaire doit pouvoir être en mesure d'identifier et d'évaluer les zones traditionnelles de risque en matière immobilière (A) et en matière successorale (B).

A- L'identification des zones traditionnelles de risque en matière immobilière : les problématiques afférentes aux ventes immobilières

Les problématiques afférentes aux ventes immobilières concernent les pratiques des dessous de table (1), les délais d'accomplissement des obligations déclaratives (2), les risques d'abus de droit fiscal (3) et la problématique des quittances justificatives du règlement des impôts (4).

1. La pratique des « dessous-de-table » ou la sous- évaluation immobilière

Cette pratique est très courante au Cameroun. Elle consiste à exprimer dans l'acte de vente un prix inférieur à celui convenu entre les parties, la différence étant versée directement entre elles et soustraite à l'assiette de l'impôt. Cette pratique est prisée parce qu'elle concilie les intérêts tant de l'acquéreur (réalisant une économie de droits de mutation à titre onéreux) que du vendeur (réduisant l'assiette de la plus-value taxable). Au regard de la sévérité de la sanction, le notaire doit éviter une dissimulation de prix en présence d'une mutation immobilière. Le risque fiscal de sous-estimation immobilière doit guider l'action préventive du notaire. D'ailleurs *« le notaire parfaitement informé de la valeur d'un immeuble à l'obligation d'informer les parties du risque qu'elles courent en fixant un prix de vente insuffisant »*[315]. L'audit fiscal de la vente d'immeuble doit s'effectuer d'abord sur la valeur. Elle implique la recherche de zones et de facteurs de vulnérabilité telle la non traçabilité des mouvements de fonds entre les parties ou la sous-estimation grossière déraisonnable et déconnectée de la réalité et de la valeur du marché.

2. Le retard dans le dépôt de la déclaration de vente auprès du centre des impôts de rattachement

La responsabilité personnelle du notaire est engagée pour un défaut d'enregistrement et déclaration dans les délais. Le notaire doit donc appréhender la problématique des délais avec beaucoup de professionnalisme, car, le risque fiscal est encouru par le notaire lui-même.[316] L'accomplissement tardif des obligations déclaratives en matière de vente d'immeuble doit être évité, car le législateur fiscal a prévu tout un arsenal de pénalités fiscales (intérêt de retard, majorations et amendes), dont l'addition peut s'avérer particulièrement lourde pour le notaire négligent.

En outre, le notaire peut voir sa responsabilité civile engagée pour défaut de conseil quant aux délais d'accomplissement des obligations

---

[315] Cass. 1re civ, 15 avril 1980, n° 7816, 43, inédit.

[316] Art. 316 du CGI : *« Ainsi les notaires, huissiers et autres agents ayant pouvoir de faire des exploits ou procès-verbaux, les greffiers et secrétaires d'administration qui par leur négligence n'ont pas fait enregistrer leurs actes ou jugements dans les délais paient, personnellement, outre les droits simples et pour ces droits seulement, sans recours contre les parties, une amende égale au montant des droits simples ».*

déclaratives. C'est ce que la Cour de cassation française a décidé en 2007 ainsi qu'il suit : *« Attendu que le notaire, professionnel du droit, est débiteur envers son client d'une obligation de conseil, que Maitre Y ne justifiait pas avoir personnellement informé M. X des pénalités encourues en cas de non-respect du délai précité »*[317]

Le notaire a donc un devoir de conseil fiscal surtout en matière des délais d'accomplissement des obligations déclaratives. Il doit y veiller absolument. Malheureusement, les dossiers sortent difficilement des tiroirs des notaires. Il est inconcevable qu'un dossier avec les frais d'actes complètement réglés se retrouve trois ans après, encore, dans les tiroirs du notaire. L'amateurisme est de mise dans ce secteur.

3. La problématique d'abus de droit fiscal en matière de vente d'immeuble : la donation déguisée en vente

La gestion préventive du risque fiscal impose au notaire de se pencher sur la problématique de l'abus de droit fiscal en matière de vente immobilière. En effet à la faveur de la décrue des taux des droits d'enregistrement des mutations immobilières à titre onéreux depuis le 1er janvier 2017, les donations voyant leur taux[318] de mutation élevé risquent d'être déguisées désormais en vente. La donation déguisée en vente est une pratique éminemment risquée consistant à travestir une donation sous la fausse apparence d'une vente. Elle constitue l'illustration parfaite de l'abus de droit par simulation. En France, la donation déguisée en vente est classiquement l'apanage des personnes âgées en fin de vie, sans enfant, souhaitant transmettre une partie de leurs biens à un parent éloigné (neveu, cousin), à un ami ou concubin. Elle vise à éviter les droits de donation dissuasifs dans une pareille configuration familiale (le taux d'imposition en France est de 55 % entre collatéraux ordinaires, et de 60 % au-delà ou entre étrangers). Le prix n'est en pratique jamais versé entre les parties ou sur la base de contreparties non significatives.

En France, ce procédé figure d'ailleurs à bon rang dans les cas d'abus de droit les plus fréquemment traqués par le fisc et soumis au comité

---

[317] Cass. 1re civ, 14 juin 2007.

[318] 20 % entre parents au-delà du deuxième degré et entre non parents et 10 % entre ligne collatérale, entre frères et sœurs contrairement au taux de 5 % pour les ventes d'immeuble

d'abus de droit fiscal. Cette pratique est réprimée avec autorité par l'administration fiscale en France.

La donation déguisée en vente est une pratique à haut risque fiscal, le notaire doit donc y veiller avant la conclusion de l'opération de vente.

4. La problématique des quittances justificatives du règlement des impôts et taxes

Le LFP dispose que « les livres, registres, documents ou pièces sur lesquels peuvent s'exercer les droits de contrôle, de communication ou d'enquête de l'administration fiscale, et ce, quelle que soit leur forme, doivent être conservés pendant un délai de dix (10) ans à compter de la date de la dernière opération qu'ils constatent ou de la date à laquelle les documents ont été établis »[319]. Malgré cette obligation de conservation, l'exploitation de nombreuses notifications de redressements émises par la brigade de contrôle et de vérification du centre spécialisé des professions libérales et de l'immobilier, figure en bonne place, la problématique de contrôle des quittances justificatives du règlement des impôts et taxes, concernant la plus-value, la taxe foncière et les droits de mutation. Ainsi, le vérificateur dans plusieurs notifications écrit : « concernant les documents exigés dans le cadre du contrôle, le contribuable a présenté un certain nombre de pièces demandées, on relève cependant l'absence des documents suivants ; les pièces justificatives de charges d'exploitation, toutes les quittances de paiement de certains impôts notamment la plus-value, la TPF, et les droits de mutation ».

Dans cette perspective, les anomalies constatées impliquent la mise en application du chef de redressement à savoir le recouvrement avec des pénalités des impôts perçus dont le reversement n'a pas été justifié par les quittances de paiement.

La gestion préventive impose au notaire donc de bien conserver les pièces justificatives de paiement des droits et taxes.

B- L'identification des zones traditionnelles de fraude en matière successorale : les problématiques afférentes aux successions

À l'ouverture d'un dossier de succession, il est toujours hautement conseillé au notaire de maîtriser les obligations déclaratives (actifs et passifs à déclarer, modalité et délai de dépôt et paiement des droits) et

---

[319] Art. L5 du LFP

les sanctions en cas de manquement. Ainsi les zones traditionnelles de fraude concernent la sous-évaluation d'actifs (1), les récompenses et les donations antérieures non révélées (2) et le retard dans le dépôt de déclaration de succession (3).

1. La problématique d'omission ou de sous-évaluation des actifs

Alors qu'un certain nombre d'actifs obéissent à des règles d'estimation légales et objectives (valeurs mobilières cotées[320], meubles meublants[321], les immeubles[322]), d'autres, en particulier les valeurs mobilières non cotées et les entreprises individuelles, répondent au critère plus vaporeux de la valeur vénale. Si le législateur n'en a jamais précisé la notion, la jurisprudence la définit toutefois comme le « *prix qui peut être obtenu d'un bien par le jeu de l'offre et de la demande dans un marché réel compte tenu de la situation de fait et de droit dans laquelle le bien se trouvait avant le fait générateur de l'impôt ».*[323]

Il en résulte un concept essentiellement économique et d'appréhension très relative et subjective en pratique.

À cette difficulté, s'ajoute l'insécurité liée à la multiplicité des techniques d'évaluation existantes[324]. Relativement stable en matière immobilière où l'on recourt majoritairement à l'évaluation administrative, l'évaluation des titres de sociétés et des entreprises individuelles révèle au contraire une grande part d'arbitraire tenant à la combinaison de trop nombreuses méthodes.

Quoi qu'il en soit, la valeur vénale est l'illustration emblématique du caractère déclaratif du système fiscal camerounais, le contribuable déclarant sous sa responsabilité, sous réserve d'un contrôle a posteriori par les services fiscaux. La sous-évaluation est le fondement d'un nombre de redressements sans égal, pourtant les contribuables restent tentés au quotidien de sous-évaluer plus ou moins les actifs qu'ils déclarent. Parce que l'immobilier ou l'entreprise pèsent lourd dans leurs déclarations, ils y voient naïvement un levier pour réduire la matière

---

[320] Cours moyen de la bourse au décès

[321] La déclaration estimative ne pouvant être inférieure à 5 %.

[322] Voir décret 2014/1881/PM du 04 juillet 2014 fixant les modalités d'évaluation administrative des immeubles en matière fiscale.

[323] PHALLIP (C), *La gestion du risque fiscal par la profession notariale op. cit.*, , p.51.

[324] QUILICI (S), « Le casse-tête du contentieux de l'évaluation », *JCP*, N23 juillet 2010, n°29.

imposable. À ce titre, le notaire est interpellé pour jouer son rôle de garde-fou.

2. La problématique des récompenses et des donations antérieures non révélées

Les récompenses font partie des postes placés sous la surveillance de l'administration fiscale dans les déclarations de succession, à deux égards :

- premièrement, quand elles prennent la forme de passifs (récompense due par le défunt à la communauté), une vigilance particulière est portée à leur justification visant à débusquer tout gonflement frauduleux du passif déductible.
- deuxièmement, les services fiscaux veillent à ce qu'aucune récompense de nature à constituer un actif successoral (récompense due par la communauté au défunt) n'ait été omise, n'hésitant pas pour ce faire, à passer au crible l'ensemble des actes intervenus entre les parties et à leur opposer toute cause de récompense s'y tapissant. Le fisc en France n'a notamment pas hésité par le passé à invoquer le contrat de mariage d'une personne décédée et la liste des biens propres des époux figurant en annexe, pour démontrer l'omission d'une récompense taxable[325].

Les donations antérieures doivent faire l'objet d'une réintégration à l'actif successoral taxable, quelles qu'en soient leur forme et leur date, sans prescription possible. Cette exigence permet de traquer les libéralités « occultes » que les parties n'ont pas jugé bon de révéler en leur temps à l'administration fiscale et pour lesquelles les droits de mutation éventuellement exigibles n'ont pas été acquittés. Par expérience, il n'est pas rare que les familles taisent l'existence des dons manuels intervenus en leur sein, de bonne ou de mauvaise foi, par ignorance de la loi ou volonté manifeste de frauder les droits du fisc. Cette négligence ne fait l'objet d'aucune indulgence de la part des services fiscaux, d'où l'intérêt de la gestion fiscale proactive du notaire.

Sous cette rubrique, le notaire doit veiller au risque fiscal en cas d'omission ou de sous-évaluation d'actifs, en présence de passifs gonflés ou fictifs.

---

[325] Cass. Com, 14 fév., 2006, n° 02-16. 375 ; JurisData n° 2006-032244

3. La problématique du retard dans le dépôt de la déclaration de succession

La déclaration de succession doit être déposée dans un délai de douze (12) mois à compter du décès et accompagnée du paiement comptant de l'intégralité des droits de mutation éventuels. À défaut, le législateur a prévu tout un arsenal de pénalités fiscales (intérêt de retard, majorations et amendes) dont l'addition peut s'avérer particulièrement lourde pour le contribuable négligent. En effet, si la succession est déclarée après douze (12) mois de retard, il y a la pénalité de 50 % des droits dus, au-delà de 12 mois, la pénalité est d'un droit en sus c'est-à-dire 100 % des droits dus[326]. Il est néanmoins des situations critiques ou l'accomplissement tardif des obligations déclaratives relève non de la légèreté des héritiers encore moins du notaire, mais des complications pratiques aiguës. Il peut s'agir des difficultés techniques ou juridiques non résolues (un actif ou sa valeur est indéterminable, par exemple, en raison d'un litige ou contentieux en cours), ou de crises familiales graves et conflits entre héritiers, sources de désaccords persistants rendant délicat voire impossible l'établissement de la déclaration de succession dans le délai imparti. Malheureusement, et sous réserve de quelques alternatives, pareils empêchements ne sont pas de nature à soustraire les héritiers à leurs obligations et aux conséquences de leur forfait. L'administration fiscale en France, relayée par la jurisprudence le rappelle avec constance[327].

Sous cette rubrique, malgré les difficultés, le notaire doit tout faire pour respecter les délais impartis, quitte à déposer plus tard une déclaration rectificative.

Paragraphe II : La maîtrise du risque fiscal par le notaire

Une fois le risque identifié, l'opération projetée ne doit pas être pour autant définitivement condamnée. La mission du notaire va au contraire consister à piloter le risque en adaptant le montage litigieux par des actions correctives (A), sous-tendues par des outils ou mécanismes de sécurisation fiscale (B).

---

[326] Art. 279 et 322 du CGI

[327] Pour une illustration de l'application de la sanction légale en cas de dépôt et paiement hors délai malgré un conflit entre héritiers, V. cass. com. 8 mars 2005, n° 07-11703

A- Le notaire : auditeur fiscal par des actions correctives La maitrise des facteurs de risque doit être le leitmotiv du notaire. Dans son rôle d'auditeur fiscal[328], le notaire doit lors de la conclusion d'une opération passer en revue les obligations fiscales déclaratives, vérifier les points litigieux lors des contrôles fiscaux et en tirer toutes les conséquences. Il doit établir un diagnostic fiscal d'une opération projetée et proposer éventuellement des solutions correctives. À cet effet, un point d'honneur doit être mis sur le respect scrupuleux des délais de dépôt des différentes déclarations (1), une vigilance accrue en matière d'évaluation immobilière (2) et jouer le rôle de garde-fou auprès de la clientèle (3).

1. Le respect scrupuleux des délais de dépôt des différentes déclarations fiscales

Accomplir dans les délais impartis ses obligations déclaratives doit être un précepte directeur du notaire. Le praticien qu'est le notaire doit donc sensibiliser énergiquement sa clientèle à cette priorité et attirer son attention sur les sanctions fiscales inhérentes à tout manquement et retard. Il ne faut jamais compter d'emblée sur d'éventuelles remises gracieuses de pénalités, celles-ci n'étant pas systématiquement accordées par les services fiscaux. Pour autant, même les clients de bonne volonté se heurtent parfois à des complications humaines et patrimoniales qui rendent délicate la tenue des délais dévolus. Confronté à pareilles difficultés, le notaire redoublera de précautions.

Dans le contexte successoral, la prévention du risque de dépôt et règlement hors délai postule l'information écrite des héritiers dès l'ouverture du dossier de succession, et par des rappels réguliers. Par la suite, s'il est à craindre un dépôt et paiement tardif, le notaire incitera au versement d'un acompte, au recours au paiement fractionné ou différé, aux dépôt et paiement des droits par l'héritier diligent, ou enfin dans des circonstances conflictuelles graves, à l'assignation en partage, à des fins conservatoires.

---

[328] Sur l'audit fiscal, NONDJI (N-F), *Audit fiscal et optimisation*, Mémoire de Master II, Fiscalité Appliquée, Université de Douala, 2008/2009, MBOUNA (H), *Audit fiscal et performance des entreprises : cas de TROPIC industrie Cameroun SA*, ISMA, 2012, p. 57.

2. Une vigilance accrue en matière d'évaluation immobilière

Face à la répression des sous-évaluations, il ne peut être procédé à la légère à l'estimation des actifs immobiliers. Si le contribuable doit se montrer très prudent dans l'estimation et s'en ménager la preuve, le notaire devra veiller en personne, dans les actes qu'il authentifie, à la cohérence des prix négociés et valeurs déclarées. Un respect scrupuleux des valeurs mercuriales administratives[329] s'impose au notaire. Le notaire doit toujours garder à l'esprit que si le prix ou l'estimation ayant servi à la base de perception du droit proportionnel, progressif ou dégressif, parait inférieur à la valeur vénale des biens immobiliers transmis en propriété, en usufruit ou en jouissance, l'administration doit, pour la fixation de la valeur taxable, recourir à l'évaluation administrative suivant les modalités fixées par voie réglementaire[330].

En cas de désaccord sur l'évaluation administrative susvisée, les parties peuvent recourir à l'expertise par simple requête au tribunal civil dans le ressort duquel les biens sont situés ou immatriculés s'il s'agit des navires, de bateaux ou d'aéronefs[331].

Dans ce sillage, pour des problématiques d'évaluation immobilière délicates, le notaire devrait s'entourer d'avis d'experts (avis des valeurs d'agences immobilières...). Il devrait se documenter sur le marché local (annonces immobilières dans la presse, statistiques).

En présence de biens immobiliers dont l'état physique est très détérioré lors de l'acquisition (à titre onéreux ou gratuit), il convient d'en porter la mention circonstanciée à l'acte pour justifier de la diminution sensible apportée alors au prix ou à la valeur déclarée, et de conserver la preuve de l'état initial du bien au moyen de photographies datées, des factures des travaux de rénovation ultérieurs, voire d'un constat d'huissier.

3. Le rôle de conseil du notaire auprès de la clientèle

Le notaire devrait également contribuer à contenir bien de risques en jouant son rôle de conseil auprès de la clientèle. Un conseil fiscal plein et entier implique notamment d'interroger de manière exhaustive la clientèle sur l'opération envisagée, l'effet recherché, les modalités

---

[329] Voir décret 2014/1881/PM du 04 juillet 2014 fixant les modalités d'évaluation administrative des immeubles en matière fiscale

[330] Voir decret2014/1881/PM.

[331] Art. 546 bis du CGI

escomptées et sa situation fiscale, patrimoniale et extrapatrimoniale, afin de dégager, à l'instar des médecins, le bon diagnostic.

Face à des faits suspects ou modalités douteuses, le notaire attire l'attention et avertit ses clients des dangers encourus. Son silence peut d'ailleurs engager sa responsabilité civile[332] sur la base de la faute ou sa responsabilité pénale[333] sur la base de complicité à la fraude fiscale. Le statut du notaire lui impose au demeurant d'être ferme face aux pratiques frauduleuses, au besoin en opposant un refus d'instrumenter dans les cas les plus graves.

Plus généralement, il appartient au notaire de responsabiliser sa clientèle sur la réalité des risques encourus et l'inciter à ne pas poursuivre de manière acharnée la traque à l'impôt, appui pris sur des montages d'équilibriste sans réalité juridique ni économique. Il faut au contraire inculquer le sens du juste milieu entre optimisation fiscale et sécurité juridique.

Pour une application dans le cadre successoral, le notaire doit impérativement à l'ouverture du dossier faire un tour d'horizon sur les différentes problématiques fiscales en questionnant les héritiers, sans restriction ni tabou :

- y a-t-il eu des donations antérieures ?
- des retraits d'espèces avant le décès ?
- des causes de récompenses ?
- des actifs à l'étranger ?
- des placements de dernière minute ?

Dans l'affirmative, le notaire insistera lourdement sur les risques associés et la rigueur de la répression fiscale en la matière, et devra tout mettre en œuvre pour convaincre son client d'y remédier, au besoin en réintégrant à l'actif taxable les éléments litigieux.

Il est impératif pour le notaire de ménager la preuve du conseil fiscal donné[334]. Car oral par nature, il ne laisse pas de trace. Les juges rejettent d'ailleurs avec constance la seule information verbale, qu'ils assimilent

---

[332] DE POULPIQUET (J), *Responsabilité des notaires, civile, disciplinaire, pénale* op.cit., p.18.

[333] DE POULPIQUET (J), *Ibid.* p.276.

[334] Conformément au droit commun de la preuve (Cciv, art. 1315), il incombe au débiteur de conseil (notaire) de prouver qu'il a rempli son obligation.

à un défaut de conseil. Si la décharge de la responsabilité est généralement invalidée en jurisprudence, d'autres modes de preuve, plus ou moins lourds, peuvent être utilisés. Il s'agit :

- des courriers (recommandés) ;
- les avertissements matérialisés par une clause à l'acte ;
- les consultations écrites ;
- et les reconnaissances de conseils donnés, dans les cas les plus litigieux.

B- Le recours du notaire aux outils ou mécanismes de sécurisation fiscale

De nos jours, l'emprise de la fiscalité est telle que chaque décision – ou presque – s'accompagne de considérations fiscales. Les risques fiscaux inhérents à toute option ou opération ne peuvent alors être ignorés. La sécurisation fiscale devient alors une priorité contemporaine. Le notaire dans l'exercice de ses fonctions doit recourir aux règles conçues en droit positif pour sécuriser les projets de sa clientèle et éviter ainsi le redressement fiscal. L'on recense dans le paysage fiscal camerounais deux instruments permettant de garantir la sécurité fiscale des opérations à savoir la doctrine administrative (1) et le rescrit fiscal (2).

1. L'opposabilité de la doctrine administrative

La première garantie offerte par le système fiscal camerounais au contribuable est d'invoquer les interprétations de l'administration fiscale. Ainsi, toute prise de position formelle de l'administration sur l'interprétation d'un texte fiscal, dans des documents publiés de portée générale (instructions, réponses ministérielles, circulaires, doctrine administrative de base), ou à l'occasion de décisions individuelles (réponses aux demandes de renseignements des contribuables, notifications de redressement, courriers simples, etc.), lui est opposable tant qu'elle n'a pas été modifiée, et ce même si elle s'avère contraire aux lois ou règlements, ou si elle est ensuite contredite par l'évolution de la jurisprudence. Au surplus, le contribuable est protégé contre tout changement, dans la mesure où c'est celle en vigueur au jour du fait générateur de l'impôt qui lui est applicable.

Ainsi, si pour l'administration, la doctrine administrative est une nécessité incontestable, pour les contribuables, elle est indiscutablement attractive. Elle constitue de ce fait un excellent outil d'application de la loi fiscale d'une part et un mode fiable d'information et de culture fiscale des contribuables d'autre part[335].

L'opposabilité de la doctrine administrative constitue sans conteste un important gage de sécurité fiscale pour les contribuables. Les notaires ne doivent donc pas hésiter à l'invoquer pour maitriser les risques fiscaux inhérents aux opérations en matière immobilière et successorale.

Au Cameroun, le recueil de doctrine administrative fiscale à jour au 1er janvier 2010 contient de nombreuses dispositions utiles pour le notaire dans l'exercice de son activité. L'on peut citer entre autres, la précision sur la notion de professionnel de l'immobilier et ses incidences fiscales[336], la sortie d'indivision d'un immeuble non bâti[337], le principe du non-cumul de la TVA et des droits d'enregistrement[338], le champ d'application de l'abus de droit[339], le régime fiscal des sociétés immobilières[340], le régime de TVA des sociétés civiles immobilières[341] et bien d'autres.

Cependant, la pratique professionnelle doit conduire le notaire à une plus grande prudence. D'une part, il apparait de manière très nette qu'au contentieux, le juge refuse de faire prévaloir la doctrine administrative alléguée, lorsque celle-ci s'avère contraire au droit positif, ou quand il a été opéré un changement ultérieur de doctrine[342]. D'autre part, la portée incertaine et les imprécisions des interprétations de l'administration sont à l'origine de nombreux litiges[343]. Le problème majeur de la doctrine fiscale réside dans sa forte variabilité d'où la relative efficacité de la garantie contre les changements de doctrine

---

335 TCHANI NGODJI (N-C), *Le contribuable camerounais face à la doctrine administrative*, Mémoire de Master II, Fiscalité Appliquée, Université de Douala, 2005/2006, p.4

336 *Recueil de doctrine administrative fiscale*, 2010, *op.cit.* p.66

337 *Idem.*

338 *Recueil de doctrine administrative fiscale,* 2010, *op.cit.* p.61

339 *Recueil de doctrine administrative fiscale*, 2010, op.cit. p.82

340 *Recueil de doctrine administrative fiscale,* 2010, op.cit. p.78

341 *Recueil de doctrine administrative fiscal*, 2010, op.cit. p.38

342 PHALIP (C), *La gestion du risque fiscal par la profession notariale, op.cit.* p.109

343 Idem.

administrative[344]. Il est donc important pour le notaire de recourir également au rescrit fiscal.

2. Le recours du notaire au rescrit fiscal

Le rescrit fiscal est consacré dans le Code Général des Impôts en ces termes : « Tout contribuable peut, préalablement à la conclusion d'une opération sous forme de contrat, d'un acte juridique ou d'un projet quelconque, solliciter l'avis de l'administration sur le régime fiscal qui lui est applicable. Lorsque le contribuable a fourni à l'administration l'ensemble des éléments nécessaires à l'appréciation de la portée véritable de l'opération en cause, la position énoncée par celle-ci garantit le contribuable contre tout changement de l'interprétation ultérieur »[345].

Le rescrit fiscal est une innovation très remarquée dans la législation camerounaise. Il donne au contribuable la possibilité de solliciter préalablement à la conclusion d'un contrat ou d'une convention ou à la réalisation d'un projet, l'avis de l'administration fiscale sur le traitement fiscal applicable à l'opération envisagée[346].

Le rescrit fiscal connait un essor considérable en France. Il s'est considérablement étoffé avec le temps et repose aujourd'hui sur quatre instruments[347] à savoir :

- Le **« rescrit-abus de droit »**. Il consiste en une consultation préalable de l'administration centrale sur la validité d'une opération, et s'adresse au contribuable qui, dans le cadre des montages complexes et sensibles, redoute une remise en cause ultérieure par les services fiscaux sur le terrain de l'abus de droit fiscal. Le fisc dispose alors d'un délai de six mois pour répondre, à défaut, son silence emporte validation tacite de l'opération. En cas de validation, toute procédure d'abus est exclue pour l'avenir.

- Le « rescrit-valeur » en matière de donation. Second rescrit à apparaitre dans le système fiscal français. Conçu pour encourager et faciliter la transmission à titre gratuit par anticipation des entreprises, il

---

[344] TCHANI NGODJI, *Le contribuable camerounais face à la doctrine administrative, op.cit.* p.57.

[345] Art. L33 bis du CGI

[346]WENDEN KAMDOM (E), *La responsabilité du contribuable en droit fiscal camerounais, op. cit.*, p.71

[347] PHALIP (C), *La gestion du risque fiscal par la profession notariale, op. cit.*, pp.109-110.

offre la possibilité au chef d'entreprise qui souhaite faire donation de son outil de travail de consulter préalablement l'administration sur son évaluation. En cas d'accord avec les services fiscaux, cette valeur leur sera opposable à condition que la donation soit conclue dans les trois mois de l'avis rendu. Il est applicable à tous types de donations et d'entreprises et à tout chef d'entreprise individuelle ou dirigeant de sociétés.

- **Le « rescrit-général »**. Il permet au contribuable d'une part d'interroger l'administration sur sa situation de fait au regard des dispositions fiscales qui lui sont applicables, et d'autre part, de lui opposer cette prise de position. L'administration dispose d'un délai de trois mois pour répondre. À défaut, son silence emporte acceptation tacite. Un recours est par ailleurs ouvert à l'administré qui souhaiterait contester la position initiale de l'administration et voir réexaminer de manière collégiale sa situation.

- **Le « contrôle sur demande » des donations et successions.** Il consiste en un contrôle a posteriori de la régularité des déclarations de succession et donations, sur demande de l'une des parties, dans un délai de trois mois au plus tard à compter de leur dépôt à l'enregistrement (la demande pouvant être concomitante audit dépôt), et sous réserve que les contribuables aient accompli leurs obligations déclaratives et acquitté les droits de mutation éventuels exigibles. En l'absence de toute précision du texte, on devine que le contrôle portera notamment sur la valeur des biens transmis, ou la justification des passifs, etc. L'administration dispose alors d'un délai d'un an pour procéder à un contrôle fiscal et diligenter une éventuelle procédure de rectification, à défaut, les services fiscaux ne pourront plus à l'avenir intenter un redressement. Toute majoration est au surplus exclue, seul serait exigible l'intérêt de retard sur le complément de droits, dans l'hypothèse où le contrôle aboutirait à un rehaussement.

Au Cameroun, la portée juridique du rescrit fiscal vise essentiellement l'opposabilité à l'administration de sa propre doctrine, de son avis[348]. Dans le cadre de la procédure de rescrit, seule la position du Directeur général des impôts ou du ministre des Finances formulée par écrit est opposable à l'administration. La garantie offerte par le rescrit est limitée aux seules parties à l'opération envisagée et aux

---

[348] TANENDJIO NGNEZEKO (R), La prévention des risques fiscaux dans les entreprises camerounaises, Mémoire de Master II, Université de Douala, 2008-2009, p.54.

dispositions légales ou réglementaires mises à sa disposition par l'administration[349].

Le rescrit fiscal a en définitive pour objectif, de conférer une certaine quiétude fiscale aux contribuables qui y recourent, une garantie néanmoins conditionnée à leur bonne foi, loyauté et totale transparence, et au strict respect du projet présenté à l'administration[350]

Le rescrit est souvent délaissé en pratique eu égard au formalisme imposé, parfois lourd et complexe, et des délais d'instruction particulièrement longs différant d'autant les opérations projetées.

Enfin, l'immunité fiscale est toute relative et cède – pour prendre l'exemple de contrôle sur demande des déclarations de succession – en cas d'omission d'actifs, de donations antérieures non révélées, mais aussi de l'abus de droit. En matière d'abus de droit, l'administration conserve pareillement la faculté de redresser sur un autre fondement.

Malgré ces écueils, le notaire doit constamment recourir à ce dispositif pour davantage sécuriser ses opérations en matière immobilière et successorale. Il est une réponse appropriée au souci de sécurité juridique et fiscale ; à défaut, le notaire se contentera de gérer le risque fiscal à titre curatif.

Section II : L'indispensable gestion curative du risque fiscal par le notaire

Faute d'avoir suffisamment anticipé et prévenu le risque, le contribuable ou le notaire se retrouve confronté à un contrôle fiscal pouvant aboutir à un redressement. L'on sait par ailleurs que la perspective de subir un jour un contrôle fiscal est angoissante pour nombre de contribuables, simples particuliers ou chefs d'entreprise[351]. Le notaire doit assister son client. D'ailleurs, ils sont solidaires, dans le dédale de la procédure du contrôle et du contentieux. Pour ce faire, il doit maitriser les rouages du contrôle et du contentieux (paragraphe I) et maitriser aussi les alternatives à la rigueur et stricte application des sanctions (paragraphe II).

---

[349] TANENDJIO NGNEZEKO (R), La prévention des risques fiscaux dans les entreprises camerounaises, *op. cit.*, pp. 54-55

[350] PHALIP (C), *La gestion du risque fiscal par la profession notariale, op.cit.*, p.111.

[351] Voir WIBER (S-L), *Le contrôle fiscal décodé, Comprendre le contrôle fiscal et apprendre à en gérer les risques,* l'apart éditions, 2013.

Paragraphe I : La nécessaire maîtrise des rouages du contrôle fiscal, du contentieux et des garanties processuelles fondamentales

Le système fiscal camerounais est basé sur des principes qui fondent son originalité à savoir, la spontanéité de la déclaration et du paiement de l'impôt, le droit de contrôle de l'administration fiscale, le droit de communication et le droit au respect de l'intégrité du citoyen.

Dans la phase de contrôle fiscal et de contentieux, l'administration ne tardera pas à déployer le redoutable arsenal dont elle s'est dotée pour débusquer la fraude. L'assistance notariale consistera à accompagner la clientèle dans les dédales de la procédure de contrôle (A) et du contentieux (B).

A- Le contrôle fiscal et les garanties processuelles fondamentales

Dans cette phase, le notaire doit réagir sereinement par la maitrise des règles de jeu à savoir ; la typologie des contrôles (1), les moyens à la disposition des administrations fiscales (2) et les armes du contribuable face au contrôle (3).

1. La nécessaire maîtrise par le notaire de la typologie des contrôles

Le contrôle fiscal dans sa forme moderne nait de notre système déclaratif, qui repose sur la sincérité des contribuables qui souscrivent, sous leur responsabilité, les déclarations qui leur incombent. Dispositif fondé sur le civisme et la bonne foi présumée du citoyen, le contrôle fiscal est la contrepartie nécessaire et le garant de l'égalité devant l'impôt, faute de quoi le système serait scandaleusement naïf. Le contrôle fiscal se définit comme une activité administrative par laquelle l'administration s'assure de la sincérité et de l'exhaustivité des déclarations faites par les contribuables[352]. Plus encore, il constitue une faculté laissée à l'administration fiscale lui permettant d'une part de vérifier les déclarations, actes et opérations servant de base à l'impôt, d'autre part d'assujettir à l'impôt tout contribuable qui s'est partiellement ou entièrement soustrait en vue de réparer les omissions,

---

[352] BRURON (J), *Le contrôle fiscal*, Paris, LGDJ, 1991, cité par ATANGA FONGUE (R), *Contrôle fiscal et protection du contribuable dans un contexte d'ajustement structurel,* op.cit. p.12.

insuffisances et inexactitudes constatées dans l'assiette ou le recouvrement des impôts et taxes[353]. Au regard du formalisme procédural et des pouvoirs de l'Administration, la doctrine fiscale camerounaise[354] laisse entrevoir deux grands types de contrôles notamment, les contrôles internes (a) et les contrôles externes (b).

a) Les contrôles internes

Dans le contrôle interne à l'Administration, le formalisme est léger et le pouvoir de l'administration restreint. Dans une forte propension, les contrôles internes s'attèlent à des impôts à fort rendement que sont la TVA et les impôts sur le revenu.

Les contrôles internes comprennent entre autres, la demande d'éclaircissements, de justifications ou de renseignement (a.1), et le contrôle sur pièces (a.2).

a.1) La demande d'éclaircissements, de justifications ou de renseignement

L'Administration peut demander par écrit aux contribuables, tous renseignements, justifications ou éclaircissements relatifs aux déclarations souscrites et aux actes déposés, y compris pour les catégories de revenus pour lesquels ils ne sont pas astreints à la tenue d'une comptabilité[355]. Une demande d'éclaircissement est « *adressée au contribuable dans le cas ou ses déclarations présentent des contradictions ou des discordances avec d'autres pièces figurant dans son dossier fiscal* »[356].

La demande de justificatifs, quant à elle, porte sur la situation personnelle, certaines charges dont la nature ne semble pas compatible avec l'activité exercée ou sur des revenus ne figurant pas dans la déclaration. La demande de renseignement est assez vague dans sa formulation.

---

[353] LAMBERT (T), *Contrôle fiscal : droit et pratique*, Paris, P.U.F, 2è édition, septembre 1998, p.14 cité par ATANGA FONGUE (R), *op.cit.*, p.12.

[354] ATANGA FONGUE (R), *idem*, p.150 ; NOUETSA (L.H), *Les principes de répartition des compétences en matière de fiscalité locale au Cameroun*, les éditions le Kilimandjaro, Yaoundé, 2012, p.81.

[355] Art L 22 du CGI

[356] BOUVIER (M), ESCLASSON (M.C), LASSALE (J.P*), Finances publiques*, 7e édition, L.G.D.J, Paris, 2004, p.636*, voir aussi*, p.81.

Les contribuables doivent impérativement répondre dans un délai trente (30) jours à compter de la réception de la demande. À défaut, la procédure de taxation d'office définie aux articles L29 et suivants du présent Livre s'applique pour la détermination des impôts et taxes concernés par la demande[357].

a.2) Le contrôle sur pièces

Le contrôle sur pièces est prescrit par l'article L 21du CGI. Le contrôle sur pièces[358] consiste en l'examen dans le bureau de l'agent de l'administration fiscale, des documents (déclarations) déposés par le contribuable. Dans ce sens, l'administration peut procéder au contrôle des déclarations souscrites par les contribuables, depuis ses bureaux *« sans envoi d'un avis préalable, dans le cadre d'un contrôle sur pièces : ces contrôles se limitent à l'examen des déclarations, des actes utilisés pour l'établissement des impôts et taxes ainsi que les documents déposés en vue d'obtenir de déductions, des restitutions ou des remboursements »*[359].

Le contrôle sur pièces constitue le procédé le plus prisé de l'administration fiscale. Cet attachement est lié à la faiblesse des exigences processuelles requises pour sa mise en œuvre, à la durée de la procédure qui est courte, comparée à la vérification de comptabilité, aux rendements importants qu'il permet à l'administration fiscale d'engranger et à la méfiance contenue des contribuables à son égard[360]. Dans tous les cas, le contrôle sur pièces est un contrôle de cohérence des déclarations du contribuable et non pas un contrôle général de comptabilité[361].

Le notaire doit donc, maitriser les rouages du contrôle sur pièces afin que sa responsabilité ne puisse être mise en cause surtout dans un contexte de productivité financière réclamée des administrations fiscales.

---

357 Art L22 du CGI

358 BANAKEN (J), *Le contrôle fiscal au Cameroun,* op. cit., p 36 ; FOYOU WEGA (S), *Le contrôle sur pièces en droit fiscal camerounais,* Mémoire de Master II, Université de Douala, 2014-2015, pp. 11 et s.

359 Art L21 du CGI

360 ATANGA FONGUE (R), *Contrôle fiscal et protection du contribuable dans un contexte d'ajustement structurel, op.cit.*, p.154.

361 *Idem.*

b) Les contrôles externes

Les contrôles sur pièces sont complétés par les contrôles plus approfondis effectués sur place au domicile du contribuable ou chez des tiers. Le contrôle externe, qui se fait dans l'entreprise, est effectué dans le cadre du contrôle ponctuel (b.1), de la vérification de comptabilité (b.2), ou de la vérification de la situation fiscale d'ensemble (b.3).

b.1) Le contrôle ponctuel

C'est un contrôle externe qui figure en bonne place dans le paysage fiscal camerounais. Ainsi, le contrôle ponctuel est défini comme le contrôle des impôts à versement spontané sur une période inférieure à un exercice fiscal[362]. Dans le cas d'espèce, il est servi au contribuable au moins huit (08) jours avant la date prévue pour la première intervention, un avis de passage[363].

b.2) La vérification de la comptabilité

Ce contrôle sur place est consacré par l'article L 11 du CGI. La vérification de la comptabilité consiste à s'assurer de la régularité de la comptabilité présentée et à la confronter à certaines données de fait ou matérielles afin de juger de la sincérité des déclarations souscrites et de procéder, le cas échéant, à l'établissement des impôts ou autres droits éludés, dans le cadre des procédures fiscales[364]. Il transparait de cette définition que la vérification de la comptabilité peut être générale ou partielle. La vérification de comptabilité est dite générale lorsqu'elle porte sur tous les impôts, droits et taxes dont le contribuable est passible. Par contre, la vérification de comptabilité est dite partielle lorsqu'elle porte sur un seul impôt contrôlé sur toute la période non prescrite ; soit sur tous les impôts et taxes contrôlés sur un seul exercice budgétaire[365].Ce contrôle regroupe trois étapes essentielles :

---

[362] Art L16 bis du LPF.

[363] *Idem.*

[364] EDOA MVOGO (H- E), *Les enjeux actuels de la fiscalité immobilière : législation, gestion et rendement,* Mémoire, ENAM, 1995/1997, 98.p. sp. pp. 47 et s.

[365] NOUETSA (L.H), *Les principes de répartition des compétences en matière de fiscalité locale au Cameroun, op.cit.* p.83.

- la mise en œuvre des actes de procédure fiscale ;
- la vérification de comptabilité[366] en vue d'apprécier la sincérité de la déclaration et d'en dégager, le cas échéant, les conséquences fiscales ;
- la rédaction des actes mettant un terme au contrôle, notamment, la notification de redressement, l'examen des motifs de récusation de redressement.

La mise en œuvre du contrôle se fait par le dépôt chez le contribuable à contrôler ou à vérifier de deux documents introductifs du contrôle que sont : l'avis et la charte du contribuable conformément à l'article L13 al(1) et (2) du CGI.

S'il s'agit d'un contrôle, c'est un avis de passage qui sera déposé au moins quinze (15) jours avant le début des travaux sur place. En cas de vérification, c'est un avis de vérification qui sera déposé au moins quinze (15) jours avant le début des travaux sur place.

L'administration peut également procéder à des vérifications inopinées ; elle remet alors un avis de vérification et un exemplaire de la charte du contribuable en main propre au contribuable qui accuse réception lors de la première intervention. Lors de cette intervention, l'administration se limite à effectuer sur procès-verbal des constatations matérielles, sans pouvoir procéder à un examen critique de la comptabilité[367].

Le notaire doit s'armer de matériaux nécessaires lui permettant de conduire efficacement, et suivant une démarche cohérente, ce type de contrôle surtout que l'administration fiscale dispose d'un redoutable arsenal, parfois dénommé « pouvoir fiscal » à raison de son ampleur et de son efficacité.

b.3) La vérification de la situation fiscale d'ensemble

Cette vérification constitue le troisième pilier du contrôle externe. La vérification de la situation fiscale d'ensemble est le contrôle de comptabilité de tout contribuable relevant de l'impôt sur le revenu des personnes physiques (IRPP). Elle consiste *in concreto* en la vérification :

---

366 NGAMOU MENDJEU (H), *La vérification générale de comptabilité en droit fiscal camerounais*, Mémoire de Master II, Fiscalité Appliquée, Université de Douala, 2014/2015, 211p

367 Art L 15 du LPF

- de la cohérence entre les revenus déclarés par ce contribuable au titre de l'IRPP et la situation de sa trésorerie ;
- de son patrimoine ;
- et enfin des éléments de son train de vie[368].

L'ensemble des procédures de contrôle, interne et externe peuvent être déployées dans le but de redresser tous les impôts et taxes en vigueur au Cameroun. La demande d'éclaircissements, de justifications, le contrôle sur pièces, la vérification de la situation fiscale personnelle d'ensemble ou la vérification de comptabilité (générale ou partielle), peuvent aussi bien concerner l'IRPP, l'IS, la TVA, les droits d'enregistrement, les droits d'accises que tout autre impôt et taxe prévus par le CGI. Au regard d'importantes marges de manœuvre accordées aux agents chargés du contrôle fiscal, le notaire doit veiller à la stricte observance du régime particulier de chaque type de contrôle. Le notaire doit être en mesure d'apprécier la portée des différents types de contrôles. Il doit aussi pouvoir distinguer le contrôle ponctuel de la vérification inopinée. De la même façon, le notaire doit être en mesure d'apprécier la portée des demandes de renseignements ainsi que la vérification de comptabilité et la vérification personnelle de la situation fiscale d'ensemble. Et surtout dans ce cadre maitriser les moyens à la disposition des administrations fiscales.

2. Les moyens à la disposition de l'administration fiscale

La gestion du risque fiscal appelle le notaire à mieux connaitre les moyens dont dispose l'administration fiscale pour mieux identifier la fraude fiscale. Cette maitrise des moyens permet d'identifier les opérations placées sous le spectre du fisc. Le contrôle fiscal repose sur deux piliers dont l'action conjuguée est censée garantir les meilleures chances de débusquer les fraudes. Ces moyens sont entre autres le pouvoir d'investigation (a) et le pouvoir de constatation des infractions fiscales (b).

a) Les moyens juridiques d'investigation

Les services fiscaux peuvent d'abord recueillir des informations directement auprès des contribuables, sous la forme d'une demande de renseignements, justifications ou éclaircissements[369], par courrier avant toute procédure. En tout état de cause, les éléments ainsi communiqués

[368] Art L 12 du CGI
[369] Art L22 du CGI

seront ensuite recoupés avec les données dont le fisc dispose par ailleurs et pourront ultérieurement nourrir un redressement. Il est classique en pratique que suite au dépôt d'une déclaration de succession, l'on se voit adresser une demande d'informations complémentaires relative, par exemple, à la justification des récompenses figurant au titre de passif successoral.

En parallèle, les tiers fournissent à l'administration fiscale de nombreuses et précieuses données. Dans certaines hypothèses, l'information est automatique et spontanée, sans demande préalable du fisc.

Mais plus généralement, l'administration dispose d'un vaste *« droit de communication »*. Dispositif redoutable eu égard à son caractère contraignant, son objet est de surcroit extrêmement étendu à raison du grand nombre de débiteurs de cette obligation : administrations, autorité judiciaire, entreprises publiques, officiers publics (notaires, notamment), commerçants, sociétés commerciales, banques et établissements financiers[370].

b) Le pouvoir de redressement de l'administration fiscale

Lorsque le contrôle a permis de constater des omissions, des insuffisances ou des dissimulations dans les éléments servant de base au calcul des impôts, droits et taxes ou sommes quelconques dus en vertu du CGI, les redressements correspondants sont effectués suivant la procédure contradictoire. La charge de la preuve incombe à l'administration[371]. À cet égard, la procédure de redressement contradictoire est organisée autour de cette formalité substantielle, à savoir la notification de redressement. La notification de redressement est en effet obligatoire. Elle présente la caractéristique d'être à la fois un acte interruptif de prescription et un acte de procédure visant à informer le contribuable des suites du contrôle[372].

3. La nécessaire maitrise des armes du contribuable face au contrôle fiscal

Le juge de l'impôt veille en effet à l'application des règles de mise en œuvre du contrôle fiscal et des différentes garanties qui l'encadrent.

---

[370] Art L 43 du CGI

[371] Art L 24 du CGI

[372] KHALIL (H), *Les garanties du contribuable dans le cadre du contrôle fiscal en droit marocain*, Thèse, Université de Grenoble, décembre 2011, p.74.

À cet effet, les armes du contribuable tiennent au formalisme qui entoure le contrôle (a) et les limites tenant au contrôle (b).

a) Le formalisme entourant le contrôle

Les services fiscaux ne s'improvisent pas chez le contribuable. La venue de l'inspecteur est préalablement connue du contribuable. Celui-ci doit recevoir plusieurs jours à l'avance (15jours), un avis de vérification accompagné d'une charte de contribuable. Ce formalisme est donc observable aussi bien dans la phase préliminaire du contrôle que dans la phase des opérations de contrôle proprement dit[373]. L'exercice des pouvoirs de contrôle et d'imposition ne peut se faire sans l'observation des garanties lourdes attachées à la procédure de contrôle[374]. Qu'ils s'agissent des délais de reprise ou de répétition, du droit du contribuable de présenter des observations sur les redressements envisagés, de l'obligation faite à l'administration de répondre de façon motivée à ses observations, ces garanties doivent être observées pour qu'il y ait rappel d'imposition[375]. Le juge de l'impôt veille en effet à l'application des règles de mise en œuvre du contrôle fiscal et des différentes garanties qui l'encadrent. Il devra prononcer le cas échéant l'annulation de la procédure de redressement pour cause d'irrégularité, cette annulation emportant la décharge des impositions correspondantes. La violation des garanties du contribuable entache en principe la procédure d'imposition d'irrégularité. Le notaire doit absolument veiller à ce que ce formalisme soit respecté.

b) La maîtrise des limites tenant au contrôle fiscal

Le notaire doit également maitriser les limites tenant au contrôle. Il s'agit des limites matérielles, tenant à l'objet du contrôle. À cet effet, les failles existent. Le vaste arsenal dont dispose l'administration dans sa tâche est sans conteste redoutable et énergique. Pour autant, il n'est pas infaillible ni exhaustif. Outre les dossiers qui échappent fortuitement au contrôle, il est aussi des limites objectives et non accidentelles à l'action des services fiscaux. Ainsi, en pratique, certains actifs sont connus pour être à l'abri de tout contrôle ou presque ; invisibles et transparents, le fisc ne dispose à ce jour d'aucun moyen

---

373 BANAKEN (J), *Le contrôle fiscal au Cameroun op.cit.* p.30

374 KHALIL (J), *Les garanties du contribuable dans le cadre du contrôle fiscal en droit marocain, op.cit.* p.11.

375 *Idem.*

technique pour les débusquer à l'instar des actifs détenus à l'étranger, les trusts et les montages complexes.

Les limites temporelles tiennent aux délais de contrôle. L'administration fiscale agit sur le passé. L'exercice de son droit de contrôle est néanmoins limité dans le temps, l'on parle de « délai de reprise ». C'est un droit qui appartient à l'administration fiscale dans le cadre des contrôles fiscaux, pour la réparation des omissions, insuffisances ou erreurs commises dans l'établissement de l'impôt, et ne peut être exercé que pendant un certain délai, dit délai de reprise ou de répétition[376].

Pour être régulières, les impositions doivent être mises en recouvrement avant l'expiration de ce délai. Dans le contexte camerounais, l'on recense un délai général et les délais particuliers pour les droits d'enregistrement et de timbre.

Le délai général est de quatre (4) ans après l'année d'exigibilité de l'impôt et il s'applique aux impôts directs, aux impôts sur le chiffre d'affaires et autres droits et taxes assimilées. Ce délai est prévu à l'article L 34 du LPF qui dispose que *« Les omissions totales ou partielles constatées dans l'assiette de l'impôt, les insuffisances et inexactitudes ou les erreurs d'imposition peuvent être réparées par l'administration jusqu'à la fin de la quatrième année suivant celle au titre de laquelle l'impôt ou la taxe est exigible »*. Le point de départ de ce délai est la date d'exigibilité de l'impôt. L'exigibilité d'une créance publique « *s'entend de la date ou prend naissance le droit pour l'administration à être payée* »[377].

Les délais particuliers sont surtout applicables en matière de droit d'enregistrement. Ici, deux délais sont à considérer : le délai de droit commun relatif à la demande des droits d'enregistrement en général et le délai spécial relatif à la demande des droits de succession.

S'agissant du délai de droit commun en matière d'enregistrement, l'article 334 (1) du CGI dispose qu'il y a prescription pour la demande des droits après le dernier jour du délai de cinq (5) ans à compter du jour de l'enregistrement d'un acte ou autre document ou d'une

---

[376] ATECK A DJAM (F), *Droit du contentieux fiscal camerounais*, nouvelle édition, L'Harmattan, Paris, 2017, p.96.

[377] DAMAREY (S), *Termes de finances publiques*, Gualino, Paris, 2006, p.112 cité par ATECK A DJAM, *op. cit.*, p.97.

déclaration qui révèle suffisamment l'exigibilité de ces droits sans qu'il soit nécessaire de recourir à des recherches ultérieures.

Pour ce qui est des droits de succession, il ressort de ces dispositions combinées des articles 334 (2) et 560 (1) du CGI que la prescription qui court contre l'administration pour la demande des droits de mutation par décès est de trente (30) ans. Cette prescription s'applique à toutes les successions anciennes ouvertes et non déclarées à l'administration fiscale, quelle que soit la date du décès. L'ancien délai était de dix (10) ans, l'administration l'a porté à trente (30) ans pour éviter les pertes fiscales causées par les successions non déclarées du fait des dissensions dans les familles, notamment pour les successions à forts enjeux[378].

En définitive, le délai de reprise consiste donc dans le laps de temps imparti aux services fiscaux pour rectifier les erreurs des contribuables. Il opère à la manière d'un délai de prescription ; une fois expiré, l'obligation du contribuable est éteinte de la même façon que s'il avait intégralement et régulièrement acquitté l'impôt, excluant tous recours du fisc.

Une garantie supplémentaire pour le contribuable tient dans le principe *non bis in idem*. Interdiction faite aux services fiscaux de procéder à un second contrôle à raison de droits rappelés dans le cadre d'un premier redressement, il condamne toute rectification ultérieure à l'encontre du contribuable déjà redressé, pour un même impôt et une période d'imposition.

Le notaire doit donc maitriser les limites et stratégies en matière de contrôle fiscal afin de rendre plus crédible sa défense. Ces stratégies sont également exigées lors de la phase contentieuse.

B- La phase contentieuse et les garanties processuelles fondamentales

Dans cette phase contentieuse, le notaire doit maitriser les stratégies pour une défense solide et efficace. Il ne faut pas sous-estimer l'incidence positive que pourront avoir, sur l'issue du litige, une bonne connaissance et maitrise des règles processuelles et des pièges qui leur sont éventuellement associés. À cet effet, il est important de maitriser la procédure contentieuse devant l'administration (1) et la procédure contentieuse devant le tribunal administratif (2).

---

[378] ATECK A DJAM, *Droit du contentieux fiscal camerounais, op.cit.*, p.98

1. La maîtrise de la procédure devant l'administration

Le Livre des Procédures Fiscales prévoit avant la phase juridictionnelle, une étape administrative marquée par l'introduction d'une requête auprès des différents responsables. Ainsi, le contribuable qui se croit imposé à tort ou surtaxé peut en faire la réclamation, par écrit, au Chef de Centre Régional des Impôts, au Directeur chargé de la gestion des grandes entreprises ou au Directeur Général des Impôts, dans un délai de trente (30) jours à partir de la date d'émission de l'AMR ou de la connaissance certaine de l'imposition[379].

La réclamation susvisée doit, à peine d'irrecevabilité, remplir les conditions suivantes :

- être signée du réclamant ou de son mandataire ;
- mentionner la nature de l'impôt, l'exercice d'émission, le numéro de l'article de l'AMR et le lieu d'imposition ;
- contenir l'exposé sommaire des moyens et des conclusions de la partie ;
- être appuyée de justificatifs de paiement de la partie non contestée de l'impôt[380].

Les compétences des autorités fiscales sont établies en fonction du montant de la réclamation ainsi qu'il suit :

- le Chef de Centre Régional des Impôts territorialement compétent pour les réclamations d'un montant inférieur ou égal à cinquante (50) millions de francs CFA en principal ;
- le Directeur chargé de la gestion des grandes entreprises pour les réclamations n'excédant pas cent (100) millions de francs CFA en principal ;

le Directeur Général des Impôts pour les réclamations de montant supérieur aux seuils prévus pour les Centres régionaux des impôts et la Direction en charge de gestion des grandes entreprises[381].

Ces différentes autorités fiscales disposent chacune d'un délai de trente (30) jours pour répondre à la réclamation du contribuable.

---

[379] Art L 116 (nouveau).-(1) du LFP

[380] Art L116 (2) du LFP

[381] Art L116 (3) du LPF

Lorsque la décision du Chef de Centre Régional des Impôts, le Directeur chargé de la gestion des grandes entreprises ou du Directeur Général des Impôts ne donne pas entièrement satisfaction au demandeur, celui-ci doit adresser sa réclamation au ministre chargé des finances dans les conditions fixées à l'article L119[382].

En cas de silence des autorités fiscales au terme du délai de trente (30) jours, le contribuable peut saisir d'office le ministre en charge des Finances.

La réclamation présentée au ministre qui tient lieu de recours gracieux préalable doit, à peine d'irrecevabilité, remplir les conditions suivantes :

- être signée du réclamant ou de son représentant dument mandaté
- être timbrée ;
- être présentée dans un délai de trente (30) jours à compter de la date de notification ;
- mentionner la nature de l'impôt ou du droit, l'exercice d'émission, le numéro de l'AMR et le lieu d'imposition ;
- contenir l'exposé sommaire des moyens et des conclusions de la partie ;
- être appuyée de justificatifs de paiement de la partie non contestée ou du droit, et de 15 % supplémentaires de la partie contestée[383].

Le contribuable qui conteste le bien-fondé ou le montant d'une imposition mise à sa charge peut, s'il en a expressément formulé la réclamation dans les conditions fixées à l'article L 116 ci-dessus, obtenir le sursis de paiement de la partie contestée desdites impositions, à condition :

- de formuler expressément la demande de sursis de paiement dans ladite réclamation ;
- de préciser le montant ou les bases du dégrèvement qu'il sollicite[384].

---

[382] Art L 118 (nouveau) –(1) du LPF

[383] Art L 119 du LPF

[384] Art L 121 du LPF

La décision du ministre chargé des finances doit être rendue dans un délai de deux (02) mois à compter de la date de réception de la réclamation. Cette décision, formulée par écrit, doit être motivée.

Elle est adressée au contribuable par pli recommandé avec accusé de réception ou remise en main propre contre décharge[385].

En cas de silence du ministre des Finances aux termes du délai de deux (02) mois, le contribuable peut saisir d'office le Tribunal administratif du centre des impôts de rattachement ou le Tribunal de sa résidence ou de son siège social[386].

2. La nécessaire maîtrise de la procédure contentieuse devant le juge administratif par le notaire

Insatisfait du rejet total ou partiel de sa requête, le contribuable peut alors enfin saisir le juge de l'impôt, le juge administratif qui a désormais une compétence exclusive depuis 2013.

En matière d'impôts directs et de taxe sur la valeur ajoutée ou de taxes assimilées, les décisions rendues par le ministre en charge des finances sur les réclamations contentieuses, et qui ne donnent pas entièrement satisfaction aux intéressés, peuvent être attaquées devant les tribunaux administratifs dans un délai de trente (30) jours à partir du jour de la réception de l'avis portant notification de la décision de l'administration, ou du terme du délai imparti à celle-ci pour répondre[387]

Il faut dire qu'avec la directive n° 01/13-UEAC-219-CM-26 du 30 septembre 2013 portant révision de l'acte n° 10/88-UEAC-257 du 8 décembre 1988, relatif à l'harmonisation des droits d'enregistrement, du timbre et de la curatelle, les questions de procédures fiscales contentieuses relatives aux droits d'enregistrement sont désormais identiques pour le traitement des contestations relatives aux impôts directs et autres taxes.

---

[385] Art L 123 du LPF

[386] Art L 124 du LPF

[387] Art L 126 du LPF

Ainsi, la fiscalité immobilière pour les problématiques d'enregistrement relève désormais des tribunaux administratifs et non plus des tribunaux de l'ordre judiciaire[388].

S'agissant de la requête, les demandes doivent être adressées au greffe du tribunal administratif où elles sont enregistrées contre décharge. Un certificat de dépôt de recours est délivré aux personnes qui en font la demande[389].

À peine d'irrecevabilité, la requête doit satisfaire aux conditions de forme et de fond suivantes :

- être présentée par écrit, signée par le requérant ou son représentant dument habilité et être accompagnée de deux copies de la requête sue papier libre ;
- contenir l'exposé sommaire des faits et moyens et des conclusions de la partie ;
- être accompagnée d'une copie de la décision contestée[390].

Après le dépôt de la requête, s'ensuivra alors une procédure écrite plutôt classique, avec échange de mémoires, dans laquelle il pourra par exemple procéder à des expertises, sur demande de l'une quelconque des parties. Le jugement rendu pourra faire l'objet d'un appel et même d'un pourvoi.

Le notaire doit aiguiller sa stratégie de défense pour faire échec au redressement envisagé par les services fiscaux. À cet effet, il doit respecter scrupuleusement les délais et le « timing » de la procédure fiscale. Les garanties processuelles fondamentales doivent être maitrisées par le notaire. Le professionnel qu'est le notaire doit faire prévaloir les droits du contribuable à savoir ; le droit à l'information, le dialogue contradictoire et le respect des droits de la défense.

Le notaire doit être en mesure de contester le bien-fondé du redressement. Il doit ainsi passer au crible l'ensemble des griefs et motifs allégués par les services fiscaux afin de les confronter à leur réalité théorique et pratique. Concrètement, il faut refaire tous les calculs, vérifier les fondements textuels, la juste application des majorations, s'assurer de la véracité et de la pertinence des arguments

---

388 ESSENGUE (M. M.), *La problématique de la fiscalité immobilière au Cameroun*, *op. cit.* pp. 7 et s.

389 Art L127 du LPF

390 Art L128 du LPF

et éléments de comparaison invoqués. Cette méthode permettra de contrer tant les erreurs matérielles que les tentatives d'intimidation d'un agent vérificateur cherchant à asseoir son redressement.

Mais si au bout de la procédure contentieuse, le notaire peut proposer une négociation et solliciter des remises chaque fois qu'on a le sentiment que les chances de succès sont faibles.

Paragraphe II : La nécessaire maîtrise des alternatives à la rigueur et stricte application des sanctions fiscales

Il peut arriver que la responsabilité fiscale du notaire soit engagée. Ainsi, face à la menace de répression, le notaire n'est pas pour autant démuni et peut alors recourir à certains dispositifs légaux qui lui permettent d'atténuer ou de s'affranchir en tout ou partie des pénalités fiscales. Ces alternatives à la rigueur des sanctions fiscales sont connues sous le nom de la juridiction gracieuse. La juridiction gracieuse est l'ensemble des procédures administratives, qui permettent de résoudre les litiges opposant l'administration fiscale aux contribuables, en dehors de toute intervention de juge[391]. Elle concerne entre autres, le droit de remise et les modérations des services fiscaux (A), la décharge de responsabilité (B), et la transaction (C).

A- Le droit de remise et les modérations des services fiscaux

L'administration fiscale est fondée à accorder des remises et modulations sur la base de négociations ou transactions conclues avec le contribuable. Le LPF n'a donné aucune définition des termes « remise » et « modération ». Son article L141 se borne seulement à énoncer que la juridiction gracieuse connait des demandes tendant à obtenir la modération ou la remise des impôts directs régulièrement établis, en cas de gêne ou d'indigence mettant le redevable dans l'impossibilité de se libérer envers le Trésor ; la remise ou la modération d'amendes fiscales ou de majoration lorsque ces pénalités, intérêt de retard, et le cas échéant, les impositions principales sont définitives. Il est important de voir le cas spécifique des droits d'enregistrement (1) et la forme et le délai de la demande de remise ou de modération (2).

---

[391] ATECK A DJAM, *Droit du contentieux fiscal camerounais, op.cit.,* p.375

1. Le cas spécifique des droits d'enregistrement

En matière de droit d'enregistrement, les remises et les modérations ne concernent que les pénalités, amendes et astreintes conformément aux dispositions combinées des articles 410 et 571 susvisés du CGI. Les droits en principal en sont totalement exclus. Cette exclusion rapproche cette disposition de l'article L 142 du LPF qui exclut, du champ des remises et modération, *les impôts sur le chiffre d'affaires et les autres impôts collectés auprès des tiers pour le compte du Trésor public.* La décision d'accorder une remise ou une modération n'est pas totalement discrétionnaire. Elle dépend étroitement du retard pris dans le paiement des droits en principal.

À cet égard, la remise, c'est-à-dire l'abandon total, des pénalités de retard, ne peut être accordée qu'après paiement intégral des droits simples et lorsque le retard est inférieur à un (1) mois. La modération ou la remise partielle ne peut, quant à elle, être accordée que lorsque le retard est supérieur à un (1) mois, après paiement intégral des droits simples et d'une amende fiscale de 10 %[392].

Pour les autres cas notamment en matière d'imposition définitive, la remise ou la modération s'applique exclusivement aux impôts directs en ce qui concerne les droits en principal et, uniquement pour des motifs de gêne et d'indigence. Elles s'appliquent également aux pénalités et amendes de tous les impôts, y compris les impôts indirects pour motif de gêne et d'indigence[393].

En matière d'impositions non définitives, la remise ou la modération s'applique uniquement aux impôts directs. Seuls les droits en principal sont concernés[394].

2. La forme et le délai de la demande

En matière de remise et de modération, la loi n'a prévu aucun délai dans lequel les demandes doivent être adressées à l'administration. Elles peuvent donc être formées à tout moment, après la mise en recouvrement des impôts et pénalités émis.

S'agissant de la forme, les demandes tendant à obtenir soit une remise, soit une modération doivent être adressées au chef de centre des

---

392 Art. L 142 du LPF

393 ATECK A DJAM, *Droit du contentieux fiscal camerounais op. cit.*, , , p.379

394 *Idem.*

impôts territorialement compétent. Elles doivent contenir des indications nécessaires pour identifier l'imposition en cause et être accompagnées d'une copie de l'AMR. Elles ne sont pas soumises au droit de timbre[395].

Après examen, l'administration notifie par écrit sa décision de remise, modération ou rejet.

En cas de remise ou modération, la décision est notifiée :

- par le Chef de Centre Régional des Impôts ou le responsable de la structure chargée de la gestion de « Grande Entreprises » dans la limite de trente millions (30 000 000) de francs pour les impôts et taxes en principal et de trente millions (30 000 000) de francs pour les pénalités et majorations ;
- par le Directeur Général des Impôts dans la limite de cent millions (100 000 000) de francs, pour les impôts et taxes en principal dont les montants sont supérieurs à cent millions (100 000 000) de francs pour les pénalités et majorations ;
- par le ministre chargé des Finances pour les impôts et taxes en principal dont les montants sont supérieurs à cent millions (100 000 000) de francs ainsi que pour les pénalités et majorations dont les montants sont supérieurs à cent millions (100 000 000) de francs[396].

Toutefois, lorsque la décision de l'autorité compétente ne satisfait pas le demandeur, le recours hiérarchique reste ouvert à ce dernier jusqu'au ministre chargé des Finances[397].

Ainsi, dans le cadre de l'amélioration constante de ses rapports avec le contribuable, l'administration essaie de traiter les demandes de remise ou de modération dans les délais raisonnables. Au demeurant, le fisc exerce cette faculté discrétionnairement et en toute liberté, pas même, le juge ne peut prendre position sur l'opportunité ou non d'une remise.

Le notaire dans sa pratique quotidienne doit plaider sa cause auprès des services fiscaux aux fins d'obtenir la remise des pénalités à défaut de recourir à la décharge de responsabilité.

---

395 Art. L143 du LPF

396 Cf. article L 145 du LPF

397 Idem.

B- La décharge de responsabilité

Parmi les alternatives à la rigueur et stricte application des pénalités fiscales, figure en bonne place la décharge de responsabilité. La décharge de responsabilité, prévue à l'article L 141 du LPF, est une procédure visant à dispenser de l'obligation du paiement des impôts les tiers mis en cause en qualité de responsables solidaires, par application des dispositions du CGI ou de toutes autres dispositions des lois fiscales[398]. En clair, outre le redevable lui-même, certaines personnes tierces peuvent être recherchées par les comptables publics pour le paiement des impôts émis. Il est donc intéressant de voir le champ d'application en matière des droits d'enregistrement (1), la forme de la demande de décharge de responsabilité (2).

1. Le champ d'application en matière des droits d'enregistrement

L'obligation au paiement des droits incombe aux officiers pour les actes de leur ministère[399]. Le législateur camerounais a encadré cette obligation de retenue à la source d'une rigueur et d'une menace en ces termes *« les droits des actes et ceux et ceux des mutations sont payés avant l'enregistrement aux taux et quotités fixés par le présent code. Nul ne peut en atténuer ni différer le paiement sous prétexte de contestation sur la quotité ni pour quelque motif que ce soit sans en devenir personnellement responsable sauf à se pourvoir en restitution s'il y a lieu »*[400].

Il s'agit dans ce cas des droits simples ainsi que des pénalités sur les actes passés par devant notaire. Cet officier public est en principe débiteur du paiement des droits pour les actes de leur ministère. La responsabilité solidaire du notaire ne sera retenue que si celui-ci s'est volontairement abstenu de retenir les droits dus. Les faits qui engagent sa responsabilité sont les suivants :

- le défaut de retenue ou insuffisance de retenue des droits ;
- la non présentation ou présentation tardive de l'acte à la formalité ;
- la dissimulation de prix de vente d'un bien soumis à l'enregistrement.

---

[398] ATECK A DJAM, *Droit du contentieux fiscal camerounais, op. cit.,* , p.391.
[399] Art 305 du CGI
[400] Art 304 du CGI

Dans tous les cas, l'officier public sera tenu solidairement responsable et devra payer la totalité des droits compromis majorés des pénalités. En matière de droits d'enregistrement, la pénalité est généralement d'un droit en sus et payé entièrement par l'officier fautif. Cette sanction semble excessive compte tenu parfois du montant des droits élevés et des capacités intellectuelles des officiers publics à pouvoir interpréter certains actes ainsi que les dispositions fiscales qui leur sont applicables[401].

Au regard du caractère sévère, dissuasif et punitif de la sanction, le législateur a prévu une possibilité de décharge de responsabilité pour le notaire. En application de l'article 308 du CGI, les officiers publics qui auraient fait pour les parties l'avance des droits d'enregistrement pourront en poursuivre le paiement, conformément aux dispositions légales relatives au recouvrement des frais dus aux notaires, avoués et huissiers.

2. La forme de la demande et la décision de l'administration

S'agissant de la forme, la loi n'a apporté aucune clarification sur la forme de la demande. Les précisions de l'article L143 concernent explicitement les demandes tendant à obtenir une remise ou une modération. Mais faute de clarification pour ce qui est des demandes en décharge, les exigences de l'article L 143 peuvent utilement être reprises ici. Dans ce cas, la demande qui doit être formulée sur papier libre, non timbré devra contenir les indications nécessaires pour l'identification de l'imposition en cause et être accompagnée d'une copie de l'AMR. Pour ce qui est du délai rien n'a été prévu. Ce qui est logique, dans la mesure où il s'agit d'une demande gracieuse[402].

Concernant la décision de l'administration, contrairement à ce qui est prévu pour les demandes de remise, de modération et de transaction où les autorités compétentes pour statuer sont clairement définies, en matière de décharge de responsabilité, la loi reste muette. Ce silence législatif n'a pas été comblé par la doctrine administrative. L'on peut suggérer une instruction par le directeur général des impôts des demandes de décharge de responsabilité, puis à la décision du ministre des Finances.

---

401 NTSIKOU METENDJOU (N-P), *La solidarité de paiement en matière fiscale,* Mémoire de Master II, Fiscalité Appliquée, Université de Douala, 2006-2007, p.57.

402 ATECK A DJAM, *Droit du contentieux fiscal camerounais,* op.cit., p.393.

C- La transaction comme palliatif à la mise en œuvre de la responsabilité du notaire

La transaction est une illustration de la bienveillance de l'administration à l'égard des contribuables. La transaction « *est un contrat par lequel les parties terminent une contestation ou préviennent une contestation à naitre* »[403]. En matière fiscale, elle est prévue à l'article L 125 du LPF et est une convention passée entre l'administration et le contribuable portant atténuation totale ou partielle des impositions lorsque celles-ci ne sont pas encore devenues définitives[404]. La doctrine administrative définit la transaction comme « *un accord par lequel l'administration et le contribuable font des concessions réciproques sur une affaire déterminée afin d'éviter les contestations ultérieures de quelque nature que ce soit* »[405].

L'on examinera le champ d'application de la transaction (1) ainsi que les modalités de sa mise en œuvre (2).

1. Le champ d'application de la transaction

La transaction est applicable en toutes matières fiscales (impôts directs, TVA, droits d'enregistrement et de timbre...).

Elle concerne toutes les impositions (droits en principal et pénalités). Cette extension de la transaction aux pénalités est applicable depuis la modification de l'article L.125 susmentionné du LPF par la loi du 15 décembre 2009 portant loi de finances pour l'exercice 2010. Avant cette modification, la transaction ne portait que sur les pénalités, et les droits en principal en étaient totalement exclus. Même si, dans la pratique, l'administration fiscale transigeait parfois sur le principal de l'impôt et les intérêts de retard.

La transaction n'est possible que si les impositions ne sont pas encore devenues définitives. Une imposition est considérée comme définitive lorsqu'elle ne peut plus faire l'objet d'une contestation.

---

403 Art 2044 du Code civil

404 ATECK A DJAM,, *op.cit.*, p. 387.

405 Circulaire du 28 janvier 2015 précisant les modalités d'application des dispositions fiscales de la loi du 23 décembre 2014 portant loi de finances pour 2015, citée par ATECK A DJAM, *op.cit.*, p.387.

2. Les modalités de mise en œuvre de la transaction

En principe, l'initiative de la transaction appartient à l'administration. Rien n'interdit que le contribuable puisse solliciter une transaction, dans la mesure où il s'agit d'un contrat liant les deux parties.

Ainsi, sur proposition du Directeur Général des Impôts, le ministre chargé des Finances peut autoriser, dans le cadre d'une transaction, une modération totale ou partielle des impositions dans les deux cas suivants :

- avant la mise en recouvrement suivant une procédure de contrôle ;
- durant toute la procédure contentieuse.
- En cas d'acceptation de cette proposition de transaction par le contribuable, celui-ci s'engage expressément :
- à ne pas introduire une réclamation ultérieure ;
- à se désister des réclamations ou des requêtes par lui introduites ;
- à acquitter immédiatement les droits et pénalités restant à sa charge[406].

Lorsqu'un contribuable demande la décharge ou la réduction d'une imposition quelconque, l'Administration peut à tout moment de la procédure et malgré l'expiration des délais de prescription, effectuer la compensation dans la limite de l'imposition contestée, entre les dégrèvements reconnus justifiés et les insuffisances ou omissions constatées dans l'assiette ou le calcul de l'imposition au cours de l'instruction de la demande[407]. Le contribuable qui introduit une demande de transaction pendant la phase contentieuse bénéficie d'une suspension de poursuites. L'instruction de la demande de transaction suspend la computation des délais pour la saisine de l'autorité supérieure en matière contentieuse ainsi que les poursuites en recouvrement, et ce, pour une période de quinze (15) jours à compter de la réception de la demande de transaction par l'administration fiscale.

La décision de l'administration relance les mesures de poursuites et la computation des délais. Le silence de l'administration au terme du délai de quinze (15) jours vaut rejet de l'offre de transaction du contribuable.[408]

---

[406] Art. L125 du LPF
[407] Art L125 (bis)
[408] Art L125 (ter).- (1) du LPF

Circonscrire le risque fiscal est assez difficile. Le notaire doit donc maitriser les alternatives à la rigueur des sanctions fiscales.

Conclusion du chapitre II

L'officier public qu'est le notaire est en défaut dans de très nombreux cas attestés par des notifications de redressement adressées par les services fiscaux. Citons entre autres, le défaut d'enregistrement d'un acte, la tenue irrégulière du répertoire, la complicité dans la dissimulation des prix. Ces actes de fraude[409] ont de conséquences dommageables pour le Trésor public.

Face à de telles dérives, notamment les omissions, les insuffisances et les dissimulations qui sont par ailleurs, sévèrement sanctionnées par des pénalités et des intérêts de retard, voire des sanctions pénales, le notaire doit pouvoir gérer de manière préventive le risque fiscal.

La gestion préventive commande d'identifier les problématiques fiscales afférentes aux ventes immobilières notamment la pratique des « dessous de table », les délais d'accomplissement des obligations déclaratives et le risque d'abus de droit fiscal.

En matière successorale, les zones traditionnelles de risque concernent la problématique d'omission ou de sous-évaluation d'actifs, la problématique de récompenses et des donations antérieures, la problématique de retard dans le dépôt de la déclaration de succession et bien d'autres.

Il revient donc au notaire de maitriser le risque fiscal par le recours au mécanisme de sécurisation fiscale[410]. La gestion préventive devrait être complétée par la gestion curative notamment par la maitrise des rouages du contrôle fiscal, du contentieux et des garanties processuelles fondamentales.

---

[409] MBANDJI MBENA (E), *Déontologie de la profession notariale, op. cit.*, p17.

[410] BUISSON (J), (dir), *La sécurité fiscale*, L'harmattan, Paris, 2011, pp. 2 et s. Dans son propos introductif, l'auteur fait remarquer que dans un monde dominé par une économie mondialisée et dans lequel les règles de droit sont devenues de plus en plus incertaines et fluctuantes, la question de la sécurité fiscale est devenue fondamentale. Et la dénonciation de l'insécurité est devenue aussi banale que fréquente, et cela dans tous les domaines de la vie, qu'elle soit privée ou publique, la matière fiscale n'a pas échappé à cette dénonciation récurrente dans tous les propos des personnes assujetties à l'impôt.

Conclusion de la seconde partie

En dépit de la présomption de bonne foi des notaires attestée par les exigences éthiques et déontologiques, la mission fiscale du notaire demeure d'appropriation malaisée, difficile. C'est pour cette raison que le législateur fiscal a mis en place un dispositif propice à sécuriser les intérêts financiers de l'État. Ce dispositif est construit autour de la responsabilité fiscale du notaire. L'aménagement de cette responsabilité est fait autour de la définition non seulement de l'étendue des obligations fiscales du notaire, mais aussi, et surtout la consécration de nombreuses sanctions fiscales applicables en cas de comportement délictueux au plan fiscal.

La seule existence des sanctions fiscales est de nature à décourager tout comportement inapproprié aux conséquences dommageables pour le trésor public. La sanction apparait comme le résultat net infligé au notaire pour violation des règles fiscales et des dispositions légales.

Mais la réalité est toute autre, traduite par de nombreuses notifications de redressement adressées aux notaires et illustrées par les émissions des AMR[411]. La fraude fiscale demeure un phénomène préoccupant et en pleine croissance dans le secteur des transactions immobilières. Le fichier du contentieux fiscal du CSPIL du Wouri à Douala laisse ressortir de nombreuses infractions fiscales découlant des transactions immobilières et successorales. Entre autres, l'on peut citer l'enregistrement tardif des actes, les fraudes à l'assiette à travers la minoration des valeurs, la dissimulation des prix, et le non reversement des droits au Trésor. Les fraudes commises par le notaire sont sanctionnées par les rappels des droits compromis, l'application des pénalités et intérêts de retard sans en exclure les peines privatives de liberté.

[411] Les impôts, droits et taxes qui n'ont pas fait l'objet d'un paiement spontané à la date d'exigibilité donnent lieu à l'émission d'un avis de mise en recouvrement. L'avis de mise en recouvrement (AMR) est délivré en vue de constater la créance qu'il représente, pris en charge de manière comptable selon le principe des droits constatés par le receveur des impôts territorialement compétent.

Désormais, les moyens sophistiqués du contrôle fiscal exigent du notaire la maîtrise absolue des techniques juridiques et fiscales de liquidation et de paiement dans des délais des impôts grevant les opérations immobilières et successorales ; d'où l'intérêt bien compris de la gestion préventive et curative du risque fiscal par le notaire.

CONCLUSION GÉNÉRALE

Tout au long de cette étude, l'on s'est évertué à démontrer l'aménagement de la responsabilité fiscale du notaire par le législateur à travers la définition et l'étendue des obligations fiscales, les conditions de mise en œuvre de cette responsabilité à travers les actes et les comportements délictueux constitutifs de fraude fiscale et les sanctions y afférentes.

Ainsi, le notaire redevable légal en matière immobilière et successorale est assujetti à de nombreuses obligations fiscales. Il est chargé notamment, de la collecte et le reversement dans les délais des différents impôts et taxes qui grèvent les transactions immobilières et les mutations à titre gratuit, suite au décès. Un manquement à ses obligations fiscales engage ipso facto la responsabilité fiscale du notaire. Dans ce sillage, un ensemble de sanctions existe, allant des sanctions fiscales aux sanctions pénales.

Au regard de ces sanctions fiscales, une véritable culture fiscale s'impose au notaire. L'amélioration de cette culture fiscale du notaire passe par la maitrise du cadre légal et réglementaire régissant les prélèvements sur le patrimoine ; d'autant plus que la législation est devenue de plus en plus complexe et touffue. Cette maitrise de la législation fiscale immobilière implique également la maitrise de la mercuriale administrative, la maitrise du cadre légal d'optimisation, la maitrise des règles de contrôle et de contentieux, les règles de recouvrement et la juridiction gracieuse.

Malgré ces recommandations, le phénomène de la fraude fiscale est en effet plus vaste qu'une simple résistance à l'impôt. Il est le fruit d'une incompréhension de notre système et d'une perte par les contribuables de leur sens du devoir fiscal[412].

Le notaire est simplement un acteur englué dans un système où la fraude fiscale est en nette progression. Phénomène dû à une pression

---

412 PHALIP (C), *La gestion du risque fiscal par la profession notariale*, *op.cit.*, p.169.

fiscale jugée plus ou moins excessive, créant ainsi l'impopularité et l'incivilité fiscales.

Le recours au levier de l'impôt doit être rationalisé afin de modérer les impositions et réduire une pression fiscale jugée excessive. Une réforme à large spectre semble donc seule, à même de rappeler à l'opinion publique le sens de l'obligation fiscale, du civisme et de sa responsabilité sociale. Une harmonie entre le fisc et le corps social est à mettre en place facilitant ainsi l'acceptation de l'impôt.

La récente décrue des taux sur les mutations immobilières,[413] mais, au même moment un rehaussement des valeurs mercuriales des principales villes (Douala et Yaoundé)[414] ne sont pas des éléments de nature à rendre la relation notaire et fisc moins conflictuelle.

Acteurs de la liquidation des impôts, les moyens doivent être mis à la disposition des notaires pour faciliter cette opération, soit sous la forme de notices, soit sous la forme de logiciels spécialisés, et du site internet du Ministère des Finances[415]. Il faut penser à l'organisation régulière des séminaires pour actualiser leurs connaissances dans un domaine en perpétuel mouvement.

Le notariat doit se donner les moyens de la compétence et de la performance, en vue d'une meilleure maitrise des problématiques fiscales complexes. Ainsi le notariat doit mobiliser les ressources qui lui permettront d'être à la hauteur du défi que constituent le conseiller en sécurité fiscale et la gestion des risques.

Matière éminemment technique, et en proie à une instabilité maladive, la fiscalité est périlleuse. Cela implique nécessairement de mettre davantage l'accent sur la formation des notaires et de leurs collaborateurs qui devront acquérir, ou à tout le moins se réapproprier, les connaissances d'une fiscalité de pointe.

D'ailleurs, dans l'actualité récente, à travers le rapport du groupe de travail sur la fiscalité mis en place au sein du GICAM, il est proposé de systématiser le contrôle minutieux des répertoires des notaires en se

---

413 TEDONGMO PETSETEYE (C.), *L'imposition des mutations à titre gratuit*, *op.cit.*, p. 80.

414 BAMA (G.B.), *Les mercuriales administratives en matière immobilière au Cameroun*, Mémoire de Master 2 Professionnel en Droit notarial, Université de Douala, 2016-2017, pp. 1-5.

415 *Ibid*, pp. 58 et s.

rapprochant des actes eux-mêmes pour déceler les enregistrements indus et de renforcer les capacités des ressources humaines du fisc sur le régime des actes dressés par les officiers publics ministériels[416]. Cette perspective mettra ainsi fin à un suivi poreux du fisc en matière d'enregistrement des actes des officiers publics ministériels[417].

En somme, la fiscalité est au cœur de l'activité du notaire. Sa responsabilité civile peut être engagée sur la base d'un manquement à son devoir de conseil fiscal. Sa responsabilité fiscale peut tout aussi l'être sur le fondement d'un manquement à ses obligations fiscales. Raison de plus pour envisager une étude plus générale sur la responsabilité fiscale du notaire.

[416] Voir rapport du groupe de travail sur la fiscalité mis en place au sein du GICAM, p.81, inédit

[417] Idem.

POSTFACE

Il est temps que paraisse l'ouvrage de M. NZOYEM Bruno, intitulé : la responsabilité fiscale du notaire en matière immobilière et successorale au Cameroun !

Ce constat va de ce que le législateur en général et le législateur fiscal en particulier ont depuis longtemps jeté leur dévolu sur le notaire. D'abord, parce qu'au Cameroun, les transactions foncières ne sont valables juridiquement que lorsqu'elles sont passées par devant notaire ensuite, le notaire comme officier ministériel et redevable légal, était, jusqu'en 2019, le seul habilité à collecter et à reverser au trésor public, les impôts, droits et taxes dus à l'occasion des transactions immobilières (l'acquéreur ayant été désigné en 2020 comme redevable réel). Cette double responsabilité du notaire, aussi bien dans la sécurisation juridique des transactions immobilières que dans la collecte de l'impôt y relatif, n'avait pas encore fait l'objet d'une analyse approfondie et minutieuse, se basant sur les pratiques vécues sur le terrain. L'ouvrage de M. NZOYEM vient combler ce vide dans un domaine de l'activité notariale jugé très conservateur, discret et confidentiel. Il fallait pénétrer cet univers du silence, à tort ou à raison, dit réservé aux plus fortunés dans le contexte africain.

C'est ainsi que l'auteur met en lumière les différentes obligations du notaire en ce qui concerne la perception des impôts en matière immobilière et successorale, notamment la TVA immobilière, la taxe foncière, la plus-value immobilière, la taxe sur la publicité foncière, l'imposition des successions. C'est d'ailleurs ce dernier pan qui illustre davantage la qualité inestimable de l'ouvrage. En réalité, sur le terrain, les études notariales préfèrent transmettre, comme pour s'en débarrasser et éviter des redressements douloureux, aux services de l'administration fiscale, les dossiers de liquidation des droits de succession, car elles estiment très complexes les opérations d'évaluation de l'actif brut successoral, de biens meubles corporels et incorporels, de valeurs mobilières et créances, d'immeubles bâtis ou non, grevés ou non de droits hypothécaires en termes de valeur vénale ou en tenant compte de l'évaluation administrative en matière fiscale.

Désormais, l'ouvrage de M. NZOYEM est le bréviaire fiscal du notaire qui l'initie avec plusieurs exemples pratiques : à l'assiette, à l'évaluation, à la liquidation et au reversement dans les caisses du trésor public des droits de succession, quelle que soit la complexité des droits d'usufruit ou de nue-propriété. La présente œuvre est aussi un outil extraordinaire de responsabilisation fiscale du notaire, tant elle l'avertit des sanctions administratives, pénales ou fiscales dont l'officier ministériel pourrait faire l'objet en cas de manquement à ses obligations, notamment pour absence ou défaut d'enregistrement des actes, de tenue irrégulière des différents répertoires ou non reversement des retenues fiscales. Le notaire est aussi interpellé sur la gestion préventive et curative du risque fiscal en termes d'actions correctives, de vigilance dans l'analyse des actes et déclarations successorales, de réparation des omissions ou carences diverses dans le processus fiscal. Le mérite de l'auteur est donc de conforter le notaire, non seulement dans sa fonction de conseil et de protecteur des intérêts de ses clients, mais aussi de garantir son rôle séculaire de collecteur d'impôts pour le compte de l'État à qui il doit sa désignation. Cet ouvrage est promis à un bel avenir !

Fait à Douala, le 13 mai 2020

Dr NKAKE EKONGOLO David Bienvenu

Directeur du Master professionnel en marchés publics à la Faculté des Sciences Juridiques et Politiques de l'Université de Douala

INDEX ALPHABÉTIQUE

A

C

D

E

F

G

I

ÉLÉMENTS DE BIBLIOGRAPHIE

I. OUVRAGES

AKAM AKAM (André), VOUDWE (Bakréo), *Droit des sociétés commerciales OHADA*, L'Harmattan, Paris, 2017, 745 pages ;

ABANDA ATANGANA (Anicet), *L'administration fiscale et contribuable au Cameroun*, L'Harmattan, Paris, 2010, 159 pages ;

ALAKA ALAKA (Pierre) :

- *L'impôt au Cameroun contribution à l'étude d'un dysfonctionnement administratif*, L'Harmattan, Paris, 2009, 278 pages ;

- *La gouvernance fiscale*, Edilivre, Paris, 2009, 364 pages ;

ALBERT (Jean-Luc) (dir.), *Dictionnaire de droit fiscal et douanier*, Ellipses éditions, Paris, 2007, 598 pages ;

ATANGA FONGUE (Roland), *Contrôle fiscal et protection du contribuable dans un contexte d'ajustement structurel,* L'Harmattan, Paris, 2007, 342 pages ;

ATANGA FONGUE (Roland) et **TOCKE (Adrien),** *Éléments de la fiscalité des affaires au Cameroun,* L'Harmattan collection des finances publiques, Paris, 2011, 189 pages ;

ATANGANA NGONO, *Cours d'enregistrement,* ENAM, 2004, 35 pages

ATANGANA AMOUGOU (Jean-Louis) et AL, *Droit et politique de l'immobilier en Afrique*, l'exemple du Cameroun, PUA, Yaoundé, 2015, 657 pages ;

ATECK A DJAM (Félix), *Droit du contentieux fiscal camerounais*, nouvelle édition L'Harmattan, Paris, 2017, 406 pages ;

AYANGMA AYANGMA (Joseph), *La pratique du contrôle fiscal des prix de transfert dans l'espace CEMAC : le cas du Cameroun*, L'Harmattan, Paris, 2015, 358 pages ;

BELEBENIE (Pierre), *Les transformations de la fiscalité locale au Cameroun*, L'Harmattan, Paris, 2016, 587 pages ;

DE POULILIGNAC (Bernard), MONCEAU (Jean Pierre), DE CUSSAC (Xavier), *Expertise immobilière, Guide* pratique, Eyrolles, 2007, 489 pages ;

BESBES (Slim), *Le principe de la légalité de l'impôt en droit tunisien,* L'Harmattan, Paris, 2011, 462 pages ;

BETCH (Martin), *Droit fiscal,* 4e édition, Vuibert, 2012, 410 pages ;

BEAUD (Michel), *L'art de la thèse,* guide repères, 2001, 201 pages ;

BEIGNIER (Bernard) et **TORRICELI-CHRIFI (Sarah)**, *Libéralités et successions*, 4e édition, Collection Cours, 2017, 596 pages ;

BERARD (Serges), *Guide des formalités et de la fiscalité des actes notariés*, LexisNexis, Paris, 2017 741 pages ;

BUHL (Michel) *Sociétés civiles immobilières (SCI) création-gestion-évolution,* édition Delmas, 2013, 391 pages ;

BUISSON (Jacques), (dir), *La sécurité juridique,* Paris, L'Harmattan, 2011, 221 pages ;

CORNU (Gérard), *Vocabulaire juridique*, 2e édition, PUF, Paris, 2016, 1101 pages ;

COUTURIER (Patrice), *Cessions et acquisition d'actif, restructurations d'entreprises*, éditions EFE, 2010, Paris, 370 pages ;

COZIAN (Maurice) :

- *Précis de fiscalité des entreprises*, Litec, Paris, 1994/1995, 640 pages ;
- *Précis de fiscalité des entreprises*, Litec, Paris, 2011/2013, 600 pages ;

DÉBAT (Olivier), *Droit fiscal des affaires,* 4e édition, Collection Cours, 2017, 591 pages ;

DE BISSY (Arnaud), *Comptabilité et fiscalité, du résultat comptable au résultat fiscal,* Lexis Nexis, Paris, 2013, 586 pages ;

DE LA MARDIERE (Christophe), *La preuve en droit fiscal*, LITEC, Paris, 2009, 327 pages ;

DENOS (Pierre), (SCI, *Société civile immobilière édition d'organisation*, 2011, 158 pages ;

DE POULPIQUET (Jeanne), *Responsabilité des notaires, civile-disciplinaire- pénale*, Éditions Dalloz, Paris, 2003, 429 pages ;

DULIN (Antoine), *Les mécanismes d'évitement fiscal, leurs impacts sur le consentement à l'impôt et la cohésion sociale*, Paris, CESE, 2016, 134 pages ;

DZEUKOU (Guy-Blaise) :

- *Code de l'urbanisme de la construction et de l'habitat*, 1re édition, Edijucam, 2011, 691 pages ;
- *Code de la propriété immobilière*, 1re édition, Edijucam, 2014, 697 pages ;

EBANG MVE (Urbain-Noêl), *Le titre foncier au Cameroun (recherche sur la spécificité d'un acte administratif unilatéral),* L'Harmattan, Paris, 2011, 268 pages ;

EKWALA (Moïse), *Traité des droits d'enregistrement, du timbre et de la curatelle, le cas de la République du Cameroun*, L'Harmattan, Paris, 2018, 302 pages ;

EVINA OBAM (Richard), *La politique fiscale au Camerun depuis les années 1980*, L'Harmattan, Paris, 2016, 417 pages ;

LE FUR (Éric), *Guide pratique de l'immobilier,* Paris, les éditions du siècle, deuxième édition, 2009, 562 pages ;

FLORIN (Marie-Paule), MOUSSA (Tony), *Les obligations et la responsabilité juridique de l'infirmière,* éd Le centurion, Paris, 1985, 297 pages ;

GARCON (Jean-Paul), *La TVA appliquée à l'immobilier*, 2e édition, Paris, Défrénois, Lextenso éditions, 2013, 397 pages ;

GARRIGUES (Jean) et DENOEL (Yvonnick), *Histoire sécrète de la corruption sous la Ve République*, Nouveau Monde éditions, 2014.

GIONOLO (Elizabeth), *La sécurisation foncière, le développement socio-économique et la force du droit : le cas des économies ouest-africaines de plantation (la Cote d'ivoire, le Ghana, le Mali),* l'Harmattan, Paris, 2000, 289 pages ;

GOUADAIN (Daniel) MONDON (Jean Luc), *Fiscalité des créations, restructurations et liquidations d'entreprises,* LexisNexis 547 pages ;

GOUTHIERE (Bruno), *Les impôts dans les affaires internationales édition*, Francis Lefebvre, 1056 pages ;

GRIMALDI (Michel), *Droit des successions*, 7e édition LexisNexis, Paris, 2017, 852 pages ;

GUEGUANG, GUEGUANG GHOMO, *La responsabilité des notaires : pour un régime spécifique de responsabilité*, Paris, l'Harmattan, 2008, 213 pages ;

GUINCHARD (Serge) et Alii, *Lexiques des termes juridiques*, 25e édition, Dalloz, Paris, 2017-2018, 1200 pages ;

HUNAULT (Michel), (dir), *La lutte contre la corruption, le blanchiment, la fraude fiscale. L'exigence d'éthique dans les mouvements financiers*, Paris, Presses de Sciences po, 2017, 231 pages ;

IREH ASSIM (Thomas), *La TVA en Afrique centrale*, Paris, L'Harmattan.2012, 597 pages ;

KALIKA (Michel), *Le mémoire de master*, 3e édition, DUNOD, 210 pages ;

KALLEGRIS (Andréas), *La compétence fiscale*, éditons Dalloz, Paris, 2018, 1002 pages ;

LEGRAND (Gérard) MARTIN (Hugues), DELAGARDE (Perrine), *Le recouvrement de l'impôt*, Lexis Nexis, 2e édition, Paris, 2014, 430 pages ;

LEFEBVRE (Francis),

- *Fiscalité des successions et des donations,* Éditions Francis Lefebvre, Paris, 2017, 358 pages ;
- *Mémento pratique,* fiscal, 1999, 1403 pages ;
- *Audit fiscal*, 2008, Ed. Francis Lefebvre, 631 pages ;

LAMARQUE (Jean), NEGRIN (Olivier) et AYRAULT (Ludovic), *Droit fiscal général*, 2e édition, Lexis nexis, Paris, 1463 pages ;

LADO (Ludovic) et Alii, *La responsabilité sociétale de l'entreprise au Cameroun*, Presse de l'UCAC, Yaoundé, 2011 429 pages ;

LASNE (Thierry), LEVIAUX (Ludovic), *Comptabilité notariale*, Défrénois Lextenso, 2e éd, Paris, 2017, 510 pages ;

MALGOYRE (Antoine), *Montages juridiques et habileté fiscale*, Gualino éditeur, Lextenso éditions, Paris, 2018, 287 pages ;

MBANDJI MBENA (Étienne),

- *Les droits fondamentaux de l'enfant en droit camerounais,* tome 1, édition PAF, Saarbruken, 2013 ;

- *Gestion de patrimoine,* Cours Magistral, IUCATHO SAINT JÉRÔME, Douala, 2015-2016 ;

- *Déontologie de la profession notariale,* Cours Magistral, Université de Douala, 2016-2017 ;

MEVOUNGOU NSANA (Roger), *Droit de la promotion immobilière,* PUY, mars 2001 ;

MINFI :

- *Recueil de doctrine administrative fiscale*, MINFI, DGI, 2010.
- *Précis de fiscalité camerounaise,* MINFI, DGI, 2010.

MOHAMED KOSSENTINI, *La plus-value en droit fiscal tunisien*, L'Harmattan, Paris, 2008, 482 pages ;

MULAMBU (Prosper-Kibuey), *La fiscalité et le développement, analyse critique et perspective*, L'Harmattan, Paris, 2018, 247 pages ;

NAJIB CHARBI, *Le contrôle fiscal des prix de transfert*, L'Harmattan, collection finances publiques, Paris, 2005, 495 pages ;

NDZANA BILOA (Alain-Synphorien) :

- *Fiscalité, levier de la croissance : le cas du Cameroun*, édition l'Harmattan, Paris, 2015, 348 pages ;
- *Sauvons l'impôt pour préserver l'État*, les éditions du panthéon, Paris, 2018, 326 pages ;

NIRMAL (Thomas-Jérôme), *Le contrôle fiscal des opérations internationales,* L'harmattan, collection des finances publiques, Paris, 2004, 395 pages ;

NJIAKO TIENCHEU (André), *Droits fonciers et urbains au Cameroun*, PUA, Yaoundé, 2012, 544 pages ;

NKAKE EKONGOLO (David-Bienvenu), *Cours de fiscalité immobilière,* Master II professionnel, Université de Douala, 2016-2017 ;

NOUETSA (Léopold Hyacinthe), *Les principes de répartition des compétences en matière de fiscalité locale au Cameroun,* Yaoundé, les Éditions le Kilimandjaro, 2012, 163 pages ;

NYAMA (Jean-Marie) :

- *Régime foncier et domanialité publique au Cameroun*, presse de l'UCAC, Yaoundé, 2012, 391 pages ;
- *Éléments de droit des affaires Cameroun-OHADA,* Presses de l'UCAC, Nouvelle édition, Yaoundé, 2002, 266 pages ;
- *Droit bancaire en zone CEMAC,* Quatrième édition, Presses de l'UCAC, Yaoundé, 2017, 428 pages ;
- *Droit et contentieux du travail et de la sécurité sociale au Cameroun,* troisième édition, Presses de l'UCAC, Yaoundé, 2017, 497 pages ;

NZAKOU (André), *Droit fiscal et douanier appliqué*, novembre 2011, tome1, 495 pages ;

OHADA, *Traité et actes uniformes commentés et annotés*, Juriscope, 2016, 1440 pages ;

ONANGA OPISSINA (Vianey), *La problématique de l'application de la TVA dans l'espace OHADA*, L'Harmattan, Paris, 2016, 371 pages ;

OSSA (René) :

- *Administrer l, impôt les nouveaux enjeux de la fonction de gestion, dans les pays en développement*, Iroko éditions, mai, 2007, 278 pages ;
- *Réformes fiscales et développement en Afrique subsahariennes,* Paris, Edilivre, 2012, 261 pages ;

PARRAT (Frédéric), *Le patrimoine du chef d'entreprise en France,* ORCOM, Gualino Éditeur, Lextenso Editions, 2018, 301 pages ;

PASSERON (Serge), *Comprendre la fiscalité des affaires*, 2e éd. J. Delmas et Cie, 625 pages ;

PERRIN-DUREAU (Ariane), *L'obligation fiscale à l'épreuve des droits et libertés fondamentaux*, Paris, Dalloz, 2014, 565 pages ;

PHALIP (Clémence), *La gestion du risque fiscal par la profession notariale*, LexisNexis, Paris, 2011, 204 Pages ;

SAKUTU AMVENE (Jules), *Comptabilité des sociétés commerciales, aspects juridiques et fiscaux,* édition la colombe, 2004, 407 pages ;

SALIN (Pascal), *L'arbitraire fiscal*, Éditions Robert Laffont, Paris, 1985, 275 pages ;

SERLOOTEN (Patrick), *Droit fiscal des affaires*, 5e éd, Sirey, Paris, 710 pages ;

THAUVRON (Arnaud) et autres, *Gestion de patrimoine, stratégie juridique, fiscale et financière,* Édition Dunod, Paris 2009, 535 pages

TIENTCHEU NJIAKO (André) :

- *Le titre foncier au Cameroun*, Éditions Arika, Yaoundé, 2009, 326 pages ;
- *Droits fonciers urbains au Cameroun,* Éditions Presses Universitaires d'Afrique, Yaoundé, 2012, 544 pages ;

VINSON (Gérard), *La location meublée*, Lextenso édition, 7e édition, Paris, 2012, 191 pages ;

WIBER (Sophie-Lambert), *Le contrôle fiscal décodé*, éditions L'apart, Paris, 2013, 267 pages ;

YAIGRE (Jean), **PILLEBOUT (Jean-François)**, *Droit professionnel notarial*, Paris, Éditions Litec, 2000, 196 pages.

II- MÉMOIRES ET THÈSES

AKAFACK TENEDONG (Patrick Flammarion), *Le recouvrement de la taxe foncière au Cameroun*, Mémoire de Master II Fiscalité Appliquée, Université de Douala, année 2013-2014, 73 pages ;

ATANGANA (Modeste Jean), *La problématique du rendement fiscal à la direction des impôts cas du Cameroun*, Mémoire, ENAM, 1997, 75 pages ;

BAKAM TITGOUM (Nadine Josiane), *Normalisation et libre circulation des marchandises dans les marchés communs CEMAC et UEMOA : étude comparative*, Thèse pour l'obtention du Doctorat/ph.D. en droit, Université de Dschang, 2016, 351 pages ;

BAMA (Guy Bertrand), *Les mercuriales administratives en matière immobilière au Cameroun*, Mémoire de Master 2 Professionnel en Droit notarial, Université de Douala, 2016-2017, 115 pages.

BANAKEN (Jean), *Le contrôle fiscal au Cameroun, Mémoire de Master II Fiscalité Appliquée*, Université de Douala, 2008-2009, 137 pages ;

BEGNI BAGAGNA (Gaëtan) :

- *La sécurité juridique en matière fiscale au Cameroun,* Mémoire de DEA en droit public Université de Douala, 2006/2007, 110 pages ;
- *L'harmonisation des politiques fiscales en zone CEMAC : esquisse de théorie du droit fiscal communautaire*, Thèse de Doctorat/Ph.D en droit public, Université de Douala, 2012/2013, 551 pages ;

BIBOUM NLEP (Théodore), *La contribution de la formation et de l'information du contribuable dans la lutte contre l'incivisme fiscal*, Mémoire, ENAM, 1997, 89 pages ;

BIKAI (Arnaud), *La responsabilité du chef d'entreprise en matière fiscale au Cameroun*, Mémoire de Master II, Fiscalité Appliquée, Université de Douala, 2008/2009, 82 pages ;

BIKITE BI (Malet), *Les options en droit fiscal camerounais*, Mémoire de Master II, Fiscalité Appliquée, Université Douala, 2008/2009, 100 pages ;

BINDE BEHALAL (Jean-Marc), *La problématique d'une fiscalité contractuelle avec application au Cameroun*, Mémoire de DESS, Fiscalité Appliquée, Université de Douala, 2003/2004, 72 pages ;

BIYECK BALEBATA (Jean Calvin), *La problématique de l'optimisation fiscale en entreprise*, Mémoire de DESS, Fiscalité Appliquée, Université de Douala, 2004, 75 pages ;

DASSIE NGUEUMOU DASSIE, *La fiscalité des transactions immobilières au Cameroun*, Mémoire de Master II de Fiscalité Appliquée, Université de Douala, année 2013-2014, 118 pages ;

DJOFANG KIZETA (Huguette), *La portée de l'audit fiscal pour l'entreprise*, Mémoire de Master II Fiscalité Appliquée, Université de Douala, 2005/2006, 74 pages ;

EDOU MVOGO (Hubert Eloi), *Les enjeux actuels de la fiscalité immobilière*, législation, gestion, et rendement, ENAM 96/97, 97 pages ;

EDOUX NFONZOH (Charly), *La succession de la femme mariée au Cameroun*, Mémoire de Master II recherche Droit privé, Université de Douala, année 2012-2013, 113 pages ;

EKOTTO NDAME Charlotte Nadine, *L'imposition des cessions immobilières au Cameroun,* Mémoire de DESS en Fiscalité appliquée, Université de Douala, 2003-2004 66 pages ;

ESSENGUE Marie Madeleine, *La problématique de la fiscalité immobilière au Cameroun*, Mémoire de Master II, Université de Douala, 2013, 89 pages.

FOUDA (Philippe Lambert), *L'optimisation fiscale en matière d'impôt sur les sociétés au Cameroun et rôle du conseil-fiscal*, Mémoire de Master II, Fiscalité Appliquée, Université de Douala, 2013-2014, 85 pages ;

FOYOU WEGA (Samuel), *Le contrôle sur pièces en droit fiscal camerounais*, Mémoire de Master II, Fiscalité Appliquée, Université de Douala, 2014/2015, 174 pages ;

FEUNKEU (Télesphore), *La problématique de la répression des infractions fiscales au Cameroun*, ENAM, 1987, 57 pages ;

HERRAULT (Axelle), *La société civile, instrument de gestion et de transmission patrimoniale*, IAE, 2003, 60 pages ;

KAMENI (Nick-Lazare), *Droit OHADA et droit constitutionnel des États-parties : contribution à l'analyse sous le prisme de la pratique camerounaise*, Thèse de doctorat ph.D en droit public, Université de Yaoundé II Soa, 2015, 432 pages ;

KAMOUN (Fériel), *La preuve en droit fiscal*, Mémoire DEA en Droit des Affaires, Université de Sfax pour le Sud, 2001-2002, 114 pages ;

KINGUE EKOBO (Joseph Appolinaire), *Le résultat fiscal en droit camerounais*, Université de Douala, 2008/2009, 129 pages ;

KOM (Joseph), *La fiscalité relative aux transmissions de patrimoine*, Mémoire Master II Fiscalité Appliquée, Université de Douala, année 2012/2013, 73 pages ;

KONMAN (Prosper), *La fiscalité locale au Cameroun*, Thèse de doctorat, Université panthéon-Sorbonne, 2013, 513 pages ;

KOUAM (Emma Serge), *Le cadre légal de l'optimisation fiscale*, Mémoire de Master II, Fiscalité Appliquée, Université de Douala 2008/2009, 78 pages ;

KOUMTOUJI NJAMEN (Hugues), *Fiscalité des établissements de micro-finance au Cameroun (analyse et perspective)*, Mémoire de Master II, Fiscalité Appliquée, Université de Douala, 2009/2010, 78 pages ;

LEA HERVE (Fritz), *Gestion fiscale des déficits des sociétés*, Mémoire de Master II, Fiscalité Appliquée, Université de Douala, 2008/2009, 113 pages ;

MANI MBELLE (Éric Marcel), *Enjeux de la télé-déclaration des impôts et taxes au Cameroun*, Mémoire Master II, Fiscalité Appliquée, Université de Douala, année 2013-2014, 93 pages ;

MATOUKAM DEFFO (Gaëlle-Audrey), *Le régime fiscal de l'imposition des successions au Cameroun*, Mémoire de Master II, Option Fiscalité Appliquée, Université de Douala, 2015-2016, 77 pages ;

MBALLA OWONA (Robert), *La notion d'acte administratif unilatéral au Cameroun*, Thèse Doctorat/ph.D, Université de Yaoundé II-Soa, 2010, 753 pages ;

MBANGO (M G), *La responsabilité civile dans les sociétés commerciales*, Mémoire Master II recherche en Droit Privé des affaires, Université de Douala, année 2010-2011, 111 pages ;

MBOUNA (Hermann), *Audit fiscal et performance des entreprises : cas de Tropik industrie Cameroun SA*, Mémoire de Master II, Fiscalité Appliquée, ISMA 2012, 77 pages

MBEBI (Charles), *Le rôle du notaire dans la protection du patrimoine des personnes vulnérables*, Thèse de doctorat NR, Université de Douala, 2017, 435 pages ;

MBPILLE (Pierre-Esaïe), *Le président de la République en droit constitutionnel camerounais*, Thèse de Doctorat/ph.D en droit public, Université de Yaoundé II, 2015, 492 pages ;

MONEBOULOU MINKADA (Hervé Magloire), *Système pénitentiaire et criminalité au Cameroun,* Thèse de doctorat, Université de Yaoundé II, 2011, 568 pages ;

NDZIE FOE (Agnès Michèle), *Les cohérences des informations d'une déclaration statistique et fiscale*, Mémoire de DESS, Fiscalité Appliquée, Université de Douala, 2004/2005, 88 pages ;

NGAMOU MENDJEU (Hulda), *La vérification générale de comptabilité en droit fiscal camerounais*, Mémoire de Master II, Fiscalité Appliquée, Université de Douala, 2014/2015, 211 pages ;

NGOUOTHE FONNING (Marie Noël), *La pratique de l'audit fiscal dans le contexte des entreprises camerounaises*, Mémoire de DESS, Fiscalité Appliquée, Université de Douala, 2003/2004, 73 pages ;

NOGNING FOAGUAN, *Principe de la liberté de gestion fiscale des entreprises*, Mémoire de Master II, Fiscalité Appliquée, Université de Douala, 2009/2010, 77 pages ;

NONDJI KOUAGNOU (Nathalie Flore), *Audit fiscal et optimisation,* Mémoire de Master II, Fiscalité Appliquée, Université de Douala 2008/2009, 80 pages ;

NOUMA MENYENGUE, *La communautarisation du droit fiscal en zone CEMAC : enjeux et perspectives*, Thèse de Doctorat en droit privé, Université de Douala, 2013, 739 pages ;

NOUTSAWA (Bernard), *Le contribuable camerounais face aux abus de redressement de l'administration fiscale*, Mémoire de Master II, Fiscalité Appliquée, Université de Douala, 2004/2005, 78 pages ;

NTSAMA MBARGA (Clémence), *La gestion du contentieux du recouvrement en droit fiscal camerounais*, Mémoire de Master II, Option Fiscalité Appliquée, Université de Douala, 2009/2010, 75 pages ;

NTSIKOU METENDJOU (Nicole-Polario), *La solidarité de paiement en matière fiscale*, Mémoire de DESS, Option Fiscalité Appliquée, Université de Douala, année 2006-2007, 76 pages ;

NZOUANGO (Lucile), *La contribution de la fiscalité immobilière dans le financement du budget de l'État au Cameroun*, Mémoire de Master II, Fiscalité Appliquée, Université de Douala, année2013-2014, 117 pages ;

NZOYEM (Bruno) :

- *La gestion fiscale des sociétés civiles immobilières de location au Cameroun : cas de la SOGIC*, Mémoire de Mastère, Aménagement et promotion immobilière, Institut universitaire catholique Saint Jérôme, 2015-2016, 102 pages ;
- *Exonérations et mobilisation des recettes douanières au Cameroun*, Mémoire de Master II, Fiscalité Appliquée, ISMA, Douala, 2012, 150 pages ;

OLAMA NDOUMOU (Jean-Noël), *L'entreprise camerounaise face à la déclaration fiscale*, Mémoire de Master II, Fiscalité Appliquée, Université de Douala, 2008/2009, 87 pages ;

ONDOUA (Charles-Christian), *Garantie et sécurisation du contribuable*, Mémoire de DESS, Fiscalité Appliquée, Université de Douala, 2003/2004, 102 pages ;

TAKOUDOUM (Syverain), *L'impact de la pression fiscale sur la performance de l'entreprise*, Mémoire de Master II, Fiscalité Appliquée, Université de Douala, 2005, 85 pages ;

TANENDJIO NGNEZEKO (Rodrigue), *La prévention des risques fiscaux dans les entreprises camerounaises*, Mémoire de Master II, Fiscalité Appliquée, Université de Douala, année 2008-2009, 81 pages ;

TAZONG SONKING (Stéphane), *La répression de l'incivisme fiscal au Cameroun*, Mémoire de Master II, Fiscalité Appliquée, Université de Douala, année 2013-2014, 92 pages ;

TCHANI NGODJI (Nadège-Charlie), *Le contribuable camerounais face à la doctrine administrative fiscale*, DESS, Option Fiscalité Appliquée, Université de Douala, année 2005-2006, 84 pages ;

TCHATAT NYA (Raoul), *La sanction pénale des infractions fiscales au Cameroun*, Mémoire de Master II, Fiscalité Appliquée, Université de Douala, année 2008-2009, 101 pages ;

TCHOUKEU (Georges), *Les difficultés d'application du système fiscal camerounais,* Mémoire de DESS, Fiscalité Appliquée, Université de Douala 2004, 117 pages ;

TEDONGMO PETSETEYE (Christiane), *L'imposition des mutations à titre gratuit*, DESS, Option Fiscalité Appliquée, Université de Douala, 2004-2005,102 pages ;

TOMO DA NYAMA (Cynthia Lucrèce), *La mutation d'immeubles en droit camerounais*, Mémoire de Master 2 Professionnel en Droit notarial, Université de Douala, 2018-2019, 95 pages.

WENDEN KAMDOM (Émilienne), *La responsabilité du contribuable en droit fiscal camerounais*, Mémoire de Master II en Fiscalité appliquée, Université de Douala, 2009, 82 pages ;

WIHDAM (Stéphane), *La protection de la propriété immobilière au Cameroun*, Master II recherche en Droit Privé, Option Droit Privé Fondamental, Université de Douala, année2013/2014, 121 pages ;

ZOUNDO NIMPA (Hortense), *La déductibilité des charges en matière fiscale*, Mémoire de Master II, Fiscalité Appliquée, Université de Douala, 2008/2009, 70 pages ;

III- ARTICLES

BOMBA (Denis-Thérèse), « Le statut juridique de l'agent immobilier au Cameroun », in *Droit et politique de l'immobilier en Afrique*, Mélanges en l'honneur d'André TIENTCHEU NJIAKO, PUA, 2015, pp. 75-96 ;

DONFACK SOBGOUM (Edwige-Flore), « La nullité du titre foncier », in *Droit et politique de l'immobilier en Afrique*, Mélanges en l'honneur d'André TIENTCHEU NJIAKO, PUA, 2015, pp. 97-123 ;

DZEUKOU (Guy-Blaise), « Les doubles ventes immobilières », in *Droit et politique de l'immobilier en Afrique*, Mélanges en l'honneur d'André TIENTCHEU NJIAKO, PUA, 2015, pp. 124-149 ;

ESSOUMA AWONA (Appolinaire), « Droit substantiel de l'immobilier au Cameroun : nécessité d'une conciliation entre tradition et modernité », in *Droit et politique de l'immobilier en Afrique*, Mélanges en l'honneur d'André TIENTCHEU NJIAKO, PUA, 2015, pp. 150-184 ;

FANSI (Paul Marcellin), « L'accès des étrangers à la terre camerounaise », in *Droit et politique de l'immobilier en Afrique*, Mélanges en l'honneur d'André TIENTCHEU NJIAKO, PUA, 2015, pp. 185-206 ;

KODJI ZRA DRA, « La coutume, source de droit foncier camerounais ? », in *Droit et politique de l'immobilier en Afrique*,

Mélanges en l'honneur d'André TIENTCHEU NJIAKO, PUA, 2015, pp .268-291 ;

FOMETEU (Joseph), « Dématérialisation et droit immobilier » in *Droit et politique de l'immobilier en Afrique*, Mélanges en l'honneur d'André TIENTCHEU NJIAKO, PUA, 201, pp. 207-229 ;

KOM KAMSU (Maurice), « La répression de la fraude en matière foncière », in *Droit et politique de l'immobilier en Afrique*, Mélanges en l'honneur d'André TIENTCHEU NJIAKO, PUA, 2015, pp. 292-317.

MBANDJI MBENA (Étienne), « La contractualisation des rapports pécuniaires entre époux en droit camerounais », in *Juridical tribune,* 2016/4, Article 7 ;

NKOULOU (Yannick-Serge), « Le titre foncier comme instrument de preuve », in *Droit et politique de l'immobilier en Afrique*, Mélanges en l'honneur d'André TIENTCHEU NJIAKO, PUA, 2015, pp. 482-510 ;

PEKASSA NDAM (Gérard-Martin), A.KEL.LIBI LAM (Alain Serge), « La responsabilité administrative dans le contentieux foncier et domanial au Cameroun », in *Droit et politique de l'immobilier en Afrique*, Mélanges en l'honneur d'André TIENTCHEU NJIAKO, PUA, 2015, pp. 511-547 ;

PETSOKO (Maturin), « Enjeux et défis de la réforme foncière au Cameroun », in *Droit et politique de l'immobilier en Afrique*, Mélanges en l'honneur d'André TIENTCHEU NJIAKO, PUA, 2015, pp. 548-583 ;

SIETCHOUA DJUITCHOKO (Célestin), « Les limites de l'absoluité du titre foncier au Cameroun », in *Droit et politique de l'immobilier en Afrique*, Mélanges en l'honneur d'André TIENTCHEU NJIAKO, PUA, 2015, pp. 584-604 ;

TADJIE (Roje), « La répression des atteintes à l'intégrité matérielle du domaine public de l'État en droit camerounais », in *Droit et politique de l'immobilier en Afrique*, Mélanges en l'honneur d'André TIENTCHEU NJIAKO, PUA, 2015, pp. 605-631.

IV- TEXTES DE LOIS

A- LES LOIS

- Loi du 30 ventôse an XII (21 mars 1804) portant Code civil
- Loi n° 61-20 du 27 juin 1961 relative aux actes notariés
- Loi n° 91-003 du 30 juin 1991 portant Loi de Finances de la République du Cameroun pour l'exercice 1991-1992
- Loi n° 97/003 du 10 janvier 1997 relative à la promotion immobilière
- Loi n° 2002-003 du 19 avril 2002 portant Code général des impôts
- Loi n° 2010/015 du 21 décembre 2010 portant Loi de Finances de la République du Cameroun pour l'exercice 2011
- Loi n° 2011/020 du 14 décembre 2011 portant Loi de Finances de la République du Cameroun pour l'exercice 2012
- Loi n° 2012/014 du 21 décembre 2012 portant Loi de Finances de la République du Cameroun pour l'exercice 2013
- Loi n° 2013/017 du 16 décembre 2013 portant Loi de Finances de la République du Cameroun pour l'exercice 2014
- Loi n° 2014/026 du 23 décembre 2014 portant Loi de Finances de la République du Cameroun pour l'exercice 2015
- Loi n° 2016/018 du 14 décembre 2017 portant Loi de Finances de la République du Cameroun pour l'exercice 2017

B- LES DÉCRETS

- Décret n° 79-017 du 13 janvier 1979 relatif aux transactions immobilières privées
- Décret n° 76-165 du 27 avril 1976 fixant les conditions d'obtention du titre foncier
- Décret n° 2007/1419/PM du 02 novembre 2007 fixant les conditions d'application de la loi n° 97/003 du 10 janvier 1997 relative à la promotion immobilière
- Décret n° 95/034 du 24 février 1995 portant statut et organisation de la profession de notaire
- Décret n° 95/038 du 28 février 1995 fixant les tarifs des actes notariés
- Décret n° 2006/3023/PM du 29 décembre 2006 fixant les modalités d'évaluation administrative des immeubles en matière fiscale

C- LES CIRCULAIRES

- Circulaire n° 0005/MINFI/DGI/LC/L DU 31 décembre 2010 précisant les modalités d'application des dispositions fiscales de la loi n° 2010/015 du 21 décembre 2010 portant Loi de Finances de la République du Cameroun pour l'exercice 2011
- Circulaire n° 01/MINFI/DGI/LC/L du 30 janvier 2012 précisant les modalités d'application des dispositions fiscales de la loi n° 2011/020 DU 14 décembre 2011 portant Loi de Finances de la République du Cameroun pour l'exercice 2012
- Circulaire n° 001/MINFI/DGI/LC/L du 15 janvier 2014 précisant les modalités d'application des dispositions fiscales de la loi n°/2013/017 du 16 décembre 2013 portant Loi de Finances de la République du Cameroun pour l'exercice 2014
- Circulaire n° 0000909/C/MINFI du 31 décembre 2015 portant instructions relatives à l'exécution du Budget de l'État, des établissements publics administratifs, des collectivités territoriales décentralisées et des autres organismes subventionnés pour l'exercice 2016
- Circulaire n° 001/MINFI/DGI/LRI/L du 12 janvier 2017 précisant les modalités d'application des dispositions de la loi de finances n° 2016/018 du 14 décembre 2016 portant Loi de Finances de la République du Cameroun pour l'exercice 2017
- Circulaire N° 0001/CAB/PRC du 20 juin 2018 relative à la préparation du budget de l'État pour l'exercice 2019.

TABLE DE MATIÈRES

Structures éditoriales du groupe L'Harmattan

L'Harmattan Italie
Via degli Artisti, 15
10124 Torino
harmattan.italia@gmail.com

L'Harmattan Hongrie
Kossuth l. u. 14-16.
1053 Budapest
harmattan@harmattan.hu

L'Harmattan Sénégal
10 VDN en face Mermoz
BP 45034 Dakar-Fann
senharmattan@gmail.com

L'Harmattan Cameroun
TSINGA/FECAFOOT
BP 11486 Yaoundé
inkoukam@gmail.com

L'Harmattan Burkina Faso
Achille Somé – tengnule@hotmail.fr

L'Harmattan Guinée
Almamya, rue KA 028 OKB Agency
BP 3470 Conakry
harmattanguinee@yahoo.fr

L'Harmattan RDC
185, avenue Nyangwe
Commune de Lingwala – Kinshasa
matangilamusadila@yahoo.fr

L'Harmattan Congo
67, boulevard Denis-Sassou-N'Guesso
BP 2874 Brazzaville
harmattan.congo@yahoo.fr

L'Harmattan Mali
Sirakoro-Meguetana V31
Bamako
syllaka@yahoo.fr

L'Harmattan Togo
Djidjole – Lomé
Maison Amela
face EPP BATOME
ddamela@aol.com

L'Harmattan Côte d'Ivoire
Résidence Karl – Cité des Arts
Abidjan-Cocody
03 BP 1588 Abidjan
espace_harmattan.ci@hotmail.fr

L'Harmattan Algérie
22, rue Moulay-Mohamed
31000 Oran
info2@harmattan-algerie.com

L'Harmattan Maroc
5, rue Ferrane-Kouicha, Talaâ-Elkbira
Chrableyine, Fès-Médine
30000 Fès
harmattan.maroc@gmail.com

Nos libraires en France

Librairie internationale
16, rue des Écoles – 75005 Paris
librairie.internationale@harmattan.fr
01 40 46 79 11
www.librairieharmattan.com

Librairie l'Espace Harmattan
21 bis, rue des Écoles – 75005 Paris
librairie.espace@harmattan.fr
01 43 29 49 42

Lib. sciences humaines & histoire
21, rue des Écoles – 75005 Paris
librairie.sh@harmattan.fr
01 46 34 13 71
www.librairieharmattansh.com

Lib. Méditerranée & Moyen-Orient
7, rue des Carmes – 75005 Paris
librairie.mediterranee@harmattan.fr
01 43 29 71 15

Librairie Le Lucernaire
53, rue Notre-Dame-des-Champs – 75006 Paris
librairie@lucernaire.fr
01 42 22 67 13

www.ingramcontent.com/pod-product-compliance
Lightning Source LLC
LaVergne TN
LVHW011023061026
849535LV00006B/2035